Périscope 2

Périscope

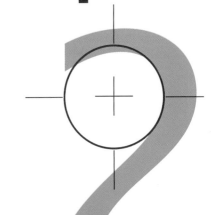

Ian Maun
Martina Esser

Consultants:
Richard Marsden
Sue Crooks
Iain Mitchell

ICT contributor:
Anne Looney

JOHN MURRAY

Photo acknowledgements

Cover Mug Shots/Corbis; **p.1** *(Pyramids)* Trip Photo Library, *(Great Barrier Reef)* Trip Photo Library, *(Pisa)* Corbis, *(Great Wall of China)* Rex Features, *(Grand Canyon)* Rex Features, *(Amazon)* Aspect Picture Library, *1* Trip Photo Library, *2* Rex Features, *3* Trip Photo Library, *4* Rex Features, *5* John Townson/Creation; **p.2** *all* Empics; **p.5** *all* Trip Photos; **p.7** Colorsport; **p.11** *tl, cl, cr, bl, br* Trip Photos, *tr* Robert Harding Picture Library; **p.13** *tl, bl* Rex Features, *tr* Trip Photos, *br* Corbis; **p.17** *tl–r* Trip Photo Library, Trip Photo Library, Trip Photo Library, Sally & Richard Greenhill, Trip Photo Library, Trip Photo Library, *cl–r* Rex Features, Rex Features, Trip Photo Library, *bl–r* John Townson/Creation, Trip Photo Library, Trip Photo Library; **p.19** *all* Science Photo Library; **p.21** *tl* Robert Harding Picture Library, *tc, br* Trip Photo Library, *tr* Robert Harding Picture Library, *bl* Rex Features; **p.22** Keith Gibson; **p.24** Rex Features; **p.25** *l* Rex Features, *r* Robert Harding Picture Library; **p.26** Rex Features; **p.27** *all* John Townson/Creation; **p.33** Trip Photo Library; **p.35** Sally & Richard Greenhill; **p.37** *tl* Popperfoto, *tr, bl* Empics; **p.39** Popperfoto; **p.40** *l, r* Rex Features, *c* Science Photo Library; **p.41** *tr* Oxford Scientific Films, *b* Popperfoto; **p.46** Trip Photo Library; **p.58** *all* John Townson/Creation; **p.67** Sally & Richard Greenhill; **p.73** Keith Gibson; **p.75** Rex Features; **p.79** *all* John Townson/Creation; **p.86** *all* Popperfoto; **p.94** Keith Gibson; **p.95** *l* Sally & Richard Greenhill, *r* Trip Photo Library; **p.96** *l* Auto Express, *r* Citroën; **p.102** *tl, bl, c* Trip Photo Library, *tr* Robert Harding Picture Library, *br* Hutchison Picture Library; **p.103** *tl* Oxford Scientific Films, *bl, tc, bc, cr, br* John Townson/Creation, *tr* Corbis; **p.104** *all* Trip Photo Library.

© Ian Maun, Martina Esser 2003

First published 2003
by John Murray Publishers Ltd, a member of the Hodder Headline Group, 338 Euston Road, London NW1 3BH

Layouts by Liz Rowe
Illustrations by Jon Davis/Linden Artists, Richard Duszczak, Mary Hall/Linden Artists, Oxford Designers & Illustrators Ltd, Sarah Wimperis
Typeset in 11 on 13pt Frutiger by Wearset Ltd, Boldon, Tyne and Wear
Printed and bound in Spain by Bookprint S. L., Barcelona

A CIP catalogue record for this book is available from the British Library.

ISBN 0 7195 7820 5
Teacher's Guide 0 7195 7821 3
Teacher's Repromaster Book 0 7195 7822 1
Audio on cassette 0 7195 7843 4
Audio on CD 0 7195 7844 2
CD-ROM (single) 0 7195 8042 0 (x 3: site licence) 0 7195 8153 2

Contents

Welcome to students using *Périscope 2*!

The main aims of *Périscope 2* are:
- to make your study of French **interesting**
- to improve your **understanding** of how French works
- to enable you to **enjoy** using French

Finding your way around the book
There are 18 units in total. They work in groups of three. In each group, two **'teaching and learning'** units introduce you to new language, and then the third one (called *Ça va!*) is always two pages of fun activities using the language you have learned.

How do the learning units work?
- Each one starts with a list of what you will be learning.
- **New grammar points** are always explained in English in a box.

GRAMMAR

All French nouns belong to one of two groups – masculine or feminine.

- There are also **Tips** which give practical advice to help you do well in a task.

TIP

Lots of French words look like English, but they're always pronounced differently, as you will find in exercise 2.

- The boxes called **It sounds like this** are to help your pronunciation.

It sounds like this

Listen carefully to these letters; they may not sound as you expect. Practise saying them.
a, e, g, h, i, j, k, r, y

Looking up words and grammar rules
After the last unit there is a **Grammar summary** and at the very end of the book is a French–English and English–French **Vocabulary** list. You will also be learning to use a dictionary, because this vocabulary list is not enough on its own.

Destinations et distances

New skills and grammar in this unit
- *en, au* + continents and countries
- high numbers
- adjectives for nationalities
- using *pour* + infinitive to say why you are doing something
- **pronunciation:** *qu; six, dix, huit;* place-names

Topics
- countries and places
- international footballers
- the Stade de France

Revision
- *à* + towns and cities
- *vouloir* + infinitive
- how to say 'some'
- food and drink

Europe
Asie
Amérique
Afrique
Océanie

1

Copiez et complétez les phrases.

Exemple: Le Grand Canyon est en Amérique.

1 La Tour penchée de Pise est en _ _ _ _ _ _ .
2 La Grande Muraille de Chine est _ _ _ _ _ _ .
3 L'Amazone _ _ _ _ _ _ _ _ _ _ _ _ _ _ _ _ _ _ .
4 La Grande Barrière de corail _ _ _ _ _ _ _ _ _ _ _ _ .
5 Les Pyramides égyptiennes _ _ _ _ _ _ _ _ _ _ _ _ _ .

2

Travaillez avec un(e) partenaire.

1 Uluru (Ayers Rock)

2 Stonehenge

3 le Taj Mahal

4 les Chutes de Victoria

5 les Alpes

A Numéro 3.

B C'est le Taj Mahal, c'est en Asie. Numéro 2.

A C'est ...

GRAMMAR

Nationality adjectives work like other adjectives. Normally, you just add 'e' to produce the feminine, e.g. *allemande*. Sometimes the word needs extra changes: if it ends in 'n' the 'n' has to double before you add 'e':

Nico est un joueur italien, et il joue dans une équipe italienne.

Ahmed est algérien, et il joue dans une équipe algérienne.

il dit   he says
tout d'abord   first of all
bu   drank
tant pis   never mind, too bad
l'agneau (m)   lamb
puis   then
ensuite   next, then
finalement   finally

allemand   allemande
anglais   anglaise
français   française
italien   italienne
hollandais   hollandaise
autrichien   autrichienne
écossais   écossaise
irlandais   irlandaise
gallois   galloise

It sounds like this

'Qu' in French is pronounced 'k' – but watch out for *quiz* which is different because it is borrowed directly from English. Practise the following tongue-twister:

Quentin, Raquel et Monique font un quiz sur les équipes olympiques. Il y a quinze questions.

a Mehmet est allemand. Il joue au foot dans une équipe allemande, le Bayern Munich. Il dit: «Bonjour. Je m'appelle Mehmet Scholl. J'habite en Allemagne, à Munich. Je suis allemand et je joue dans une équipe allemande.»

b Djamel est algérien. Il joue au foot dans une équipe française, l'Olympique Marseille. Il dit: «Bonjour. Je m'appelle Djamel Belmadi. Je suis algérien mais j'habite en France et je joue dans une équipe française.»

c Vincent Péricard est français mais il habite en Italie parce qu'il joue dans une équipe italienne, Juventus.

3 On interviewe le capitaine de l'équipe de cricket anglaise. Pour chaque pays, trouvez l'image.
Exemple: **a 3**

4 Quiz de sport. Complétez les phrases.
Choisissez un adjectif de nationalité et ajoutez le nom de la personne/de l'équipe.
Exemple: Une équipe française de foot: l'Olympique Marseille.
1 Un rugbyman . . . . : . . . .
2 Un skieur . . . . : . . . .
3 Une équipe . . . . (de foot) : . . . .
4 Un footballeur . . . . : . . . .
5 Une équipe . . . . (de foot) : . . . .

100	200	220	1000	2000	1268
cent	deux cents	deux cent vingt	mille	deux mille	mille deux cent soixante-huit

Édimbourg

mille neuf cent cinquante-huit km

Copenhague

six cent quarante-deux km

Amsterdam

cinq cent quarante-six km

mille deux cent quarante km

Londres

cinq cent quatre km

Paris

It sounds like this

Note how *six*, *dix* and *huit* sound if they are followed by a noun that begins with a consonant. The 'x' and the 't' aren't heard: *si(x) kilomètres*, *di(x) kilomètres*, *hui(t) kilomètres*.

Paris 6 km

5 Regardez la carte et calculez la route Paris–Amsterdam–Londres–Édimbourg–Copenhague–Paris. C'est combien de kilomètres?

6 Travaillez avec un(e) partenaire. Contre la montre!

A Le voyage de Paris à Amsterdam, c'est combien de kilomètres?

B C'est cinq cent quatre kilomètres.

GRAMMAR

Most countries that end in 'e' are feminine (e.g. *la France, la Suisse, la Chine*). Use *en* to mean 'to' or 'in' with feminine countries, e.g. *en France*.

Amsterdam							
2971	Athènes						
1341	3874	Belfast					
669	2484	1853	Berlin				
204	2792	1071	781	Bruxelles			
1189	3843	292	1815	1028	Édimbourg		
547	3202	680	1173	391	640	Londres	
504	2939	1129	1089	308	1092	449	Paris

J'aime la mode. Je préfère la marque Gucci. Je veux aller en Italie pour visiter les boutiques de chaussures.

Moi, j'aime le football. Mon équipe préférée est le Bayern Munich. Je veux aller en Allemagne pour voir un match du Bayern Munich.

GRAMMAR

Most countries that end in a consonant, or in 'a', 'i', 'o', 'u', are masculine (e.g. *le Portugal*, *le Japon*, *le Canada*). Use **au** to mean 'to' or 'in' with masculine countries, e.g. **au Portugal**.

7 Qui veut aller en France? Écoutez les descriptions. Il y a trois personnes qui veulent aller en France. Identifiez les noms corrects.

1 André   4 David   7 Gervaise
2 Bernadette   5 Élise
3 Corinne   6 Francine

8 Qu'est-ce qu'ils disent? Écrivez des phrases complètes.

Je veux étudier l'italien. Je veux _____ ___ Italie.

ils disent   they say

J'aime le Portugal.
Je _____ _____ ___ Portugal pour les vacances, à Lisbonne.

J'aime le tennis.
Je _____ _____ ___ A_____ pour voir un match de tennis à Wimbledon.

TIP

You can use *pour* followed by an infinitive to give a reason for doing something; here it means 'to', or 'in order to':
*Je veux aller à Paris **pour voir** la Tour Eiffel.*
*Je vais consulter l'Internet **pour faire** mes devoirs.*

> Je vais en Espagne. Pour acheter des souvenirs, je vais aller à Séville. Je vais acheter des castagnettes et des bottes espagnoles.

> Nous allons en Écosse. Nous allons à Glasgow, pour visiter les magasins. Comme souvenirs, nous allons acheter du haggis et du whisky!

Martine va en Bretagne. Elle veut aller à Rennes pour acheter des souvenirs, peut-être du fromage et du cidre.

TIP

Use **à** to mean 'to' or 'in' with towns and cities:
*Moi, j'habite à **Paris**.*
*Je vais à **Lyon** aujourd'hui.*

9

Composez des phrases. Utilisez les images.
Exemple: **1** Je vais à Londres. Comme souvenir je vais acheter un CD.

1 Je vais  ....

2 Éric va ....

3 Moi, je vais ....

4 Sandrine et Amélie  ....

10

en, **au** ou **à**? Completez les phrases suivantes.
1 Je vais passer mes vacances ...... France, plus exactement ...... Toulouse.
2 Mon père travaille ...... Portugal, ... Lisbonne.
3 Ludo habite ...... Grenoble maintenant.
4 Nous allons passer trois mois ...... Bruxelles, ... Belgique.
5 Maman est ...... Allemagne. Elle travaille ...... Berlin.

11

Regardez la carte. Identifiez les cinq lettres qui représentent les cinq **villes** de l'exercice 10.

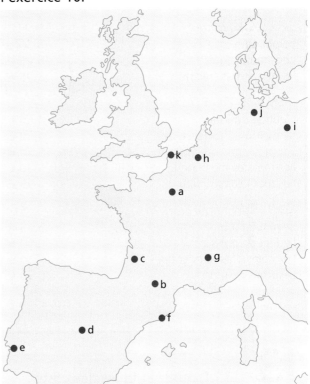

It sounds like this

Place names provide good pronunciation practice. You have to think about how they will sound different in French even when the spelling is the same or similar to the English. Try saying the following names, then listen to the recording and see if you were right – imitate what you hear.

Lisbonne   Toulouse   Rome   Lyon   Marseille   Bordeaux   Berlin   Bruxelles   Hambourg   Bretagne   Portugal   la Tour Eiffel

12

Travaillez avec un(e) partenaire.
Regardez la carte du restaurant La Taverne. Votre budget est de 15 euros par personne. Qu'est-ce que vous voulez commander?

Exemple: J'aime les frites et les moules. Donc, je veux des moules-frites. Je veux de la glace et je veux de l'Orangina. Voilà, ça fait 13 euros 66.

donc   so, therefore

> **TIP**
>
> Do you remember how to say 'some'?
> de + le = du
> de + la = de la
> de + l' = de l'
> de + les = des
> Examples: *du jambon*, *de la bière*, *de l'agneau*, *des frites*

La Taverne

LES FORMULES DE MIDI

Le plat du jour	8,50 €
Les moules-frites	8,25 €
Le steak-frites, salade	8,95 €

NOS ENTRÉES

L'entrée du jour	4,50 €
Le melon à l'italienne	4,50 €
La salade grecque au feta	5,50 €
Les tomates mozzarella au basilic	5,50 €
Les moules marinière	5,95 €

NOS PLATS

Le plat du jour	5,25 €
Le filet de poisson	6,50 €
Les côtes d'agneau grillées	7,10 €
Les fruits de mer	10,50 €

NOS DESSERTS

Le dessert du jour	2,50 €
La glace	3,00 €
La salade de fruits frais	3,25 €
La crème brûlée	3,50 €
Le fromage	3,00 €

LES BOISSONS

L'eau minérale	2,10 €
Le coca	2,41 €
L'Orangina	2,41 €
Le jus de fruit	2,41 €
Le café	1,55 €
Le cappuccino	2,50 €

13

Écoutez et faites deux listes.

Il n'aime pas …
les moules

Il veut …
du steak

> **TIP**
>
> *J'aime* (I like) + *le fromage, la salade, l'omelette, les frites*
>
> *Je veux* (I want) + *du fromage, de la salade, de l'omelette, des frites*

14

Travaillez avec un(e) partenaire. Utilisez le menu.

A: Vous êtes le parent d'un enfant difficile. Persuadez l'enfant de choisir quelque chose du menu.

B: Vous êtes l'enfant difficile!

Exemple:

A   Regarde, tu veux du melon?   **B**   Non! je veux des frites!

Le Stade de France

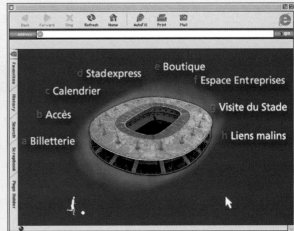

15 Identifiez les liens.

1 Ici on peut vérifier les dates des matchs.
2 Ici on peut acheter des souvenirs.
3 Ici on peut explorer d'autres sites Internet.
4 Vous voulez savoir comment arriver au Stade? Cliquez ici.
5 Ici on trouve beaucoup de détails sur le Stade, sa construction et son histoire.
6 Vous avez une question de business? Cliquez ici.
7 Ici on peut acheter des billets.
8 C'est le nom du magazine du Stade.

INFO

★ Construction du Stade de France: 2,6 milliards de francs.

★ Situation: Saint-Denis, au nord de Paris.

★ Stade avec flexibilité unique.

★ Sous les tribunes inférieures (20 000 places) est située la piste d'athlétisme.

★ Tribunes: constituées de 10 blocs de 700 tonnes.

★ Le Stade de France peut se transformer en un stade olympique de 75 000 places.

★ Le toit du Stade de France est à 42 mètres au-dessus de la piste.

★ Le toit occupe une surface de 6 hectares.

★ Les spectateurs sont situés entre 15 mètres et 85 mètres de la piste.

★ L'opinion du Marocain Hicham el-Guerrouj, recordman du monde des 1500m: «Le Stade de France est un stade légendaire.»

★ Stéphane Diagana, spécialiste français des 400m, donne son opinion: «Ici, j'ai l'impression de participer aux Jeux olympiques!»

16 Vrai ou faux? Écrivez V ou F.

1 The construction of the stadium cost 2.6 billion francs.
2 The stadium can be converted into an Olympic stadium with 100,000 seats.
3 The roof of the stadium is forty-five metres high.
4 The roof covers six hectares.
5 The spectators who sit the furthest away are eighty-two metres away.
6 The record holder for the 1500 metres is called Marco.
7 Stéphane Diagana is French.

la tribune	seating area in stadium, stand
situé	sited, placed
la piste	track
le toit	roof
au-dessus de	above
l'hectare (m)	hectare
entre	between
le lien	link

Test

1 **Quels sont ces pays?** [6]

Exemple: RETANGLERE – Angleterre

1 SCOESÉ
2 LIEATI
3 GASEPEN
4 CEÈRG
5 ERAFNC
6 NICHE

2 **Faites des paires.** [6]

1 Je vais à la piscine . . .
2 Je vais dans ma chambre . . .
3 J'utilise mon portable . . .
4 Je choisis un CD . . .
5 Je cherche mes baskets . . .
6 Je regarde la carte . . .

a . . . pour écouter ma chanson favorite.
b . . . pour faire mes devoirs de sciences.
c . . . pour faire du jogging dans le parc.
d . . . pour faire de la natation.
e . . . pour trouver Athènes.
f . . . pour parler avec mon copain.

3 **Remplissez les blancs: en, au, à?** [8]

1 Je vais ____ Canada.
2 Je vais ____ Afrique.
3 Je vais ____ Londres.
4 Je vais ____ Douvres.
5 Je vais ____ Espagne.
6 Je vais ____ Europe.
7 Je vais ____ Édimbourg.
8 Je vais ____ Munich.

Total points: 20

2

Le shopping, les voyages

New skills and grammar in this unit
- the perfect tense of *aller*
- *c'était* – it was
- **pronunciation:** alphabet, spelling in French; *s, ss*

Topics
- French phone numbers
- different kinds of shops
- Guadeloupe and a Guadeloupian recipe
- major events in French history

Revision
- numbers and dates
- using the past tense with *avoir*

Dans une semaine, Lila et Ludo vont dire 'Au revoir' à la bande de copains. Lila va retourner en Guadeloupe, où son père va travailler pour la Poste.

Guadeloupe

Ludo va habiter à Grenoble dans les Alpes. Il va habiter dans un grand appartement. Ses parents vont travailler dans l'industrie touristique.

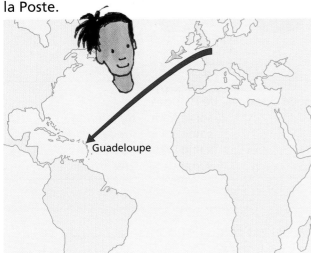

Grenoble ●

GRAMMAR

To talk about the future, use *aller* + the infinitive of a verb. (See p. 115 for *aller*.)

*Lila et Ludo **vont dire** 'Au revoir'.*   Lila and Ludo are going to say 'goodbye'.

*Ludo **va habiter** à Grenoble.*   Ludo is going to live in Grenoble.

*Ses parents **vont travailler** dans l'industrie touristique.*   His parents are going to work in the tourism industry.

2

Écoutez la conversation.

1 Identifiez les nouvelles adresses de Ludo et de Lila: **a** ou **b**?

Ludo

a
```
13 rue Mont Blanc
38000 Grenoble
France
```

b
```
30 rue Mont Blanc
38000 Grenoble
France
```

Lila

a
```
40 rue des Palmiers
97100 Basse-Terre
Guadeloupe
```

b
```
44 rue des Palmiers
97100 Basse-Terre
Guadeloupe
```

2 Complétez les numéros de téléphone de
   Ludo: _ _ - _ _ -67-34- _ _
   et de Lila: _ _ _ 90- _ _ -61- _ _

1

Vrai ou faux? Écrivez **V** ou **F**.

1 Lila va retourner en Asie.
2 Sa mère va travailler pour la Poste.
3 Ludo va habiter dans une région où il y a des montagnes.
4 Il va habiter dans un bungalow.
5 Ses parents vont être touristes.

TIP

French phone numbers
French phone numbers are broken into pairs of figures, except for the *indicatif* (code), which is given as a two- or three-figure number, sometimes preceded by a zero.
05-90-81-61-45 = *zéro cinq, quatre-vingt-dix, quatre-vingt-un, soixante et un, quarante-cinq*

était   was
étaient   were
gourmand   greedy
ils ont bu   they drank
Charlotte a bu   Charlotte
   drank

TIP

To make the past tense, you need the present tense of *avoir* and the past participle of the verb. For -er verbs, the past participle ends in 'é'.
j'ai mangé   I ate
tu as mangé   you ate
il a mangé   he ate
How would you say: *She ate ...?*

3

Ludo va préparer un repas spécial pour ses copains. Chaque personne a son plat favori. Choisissez l'image correcte.

1 Pour Lila il y a un

2 Pour Céline, Ludo a préparé des

3 Pour Khaled, Ludo a préparé

4 Pour Anne, il y a

5 Pour Raoul, Ludo a décidé de préparer

TIP

To say *some*, you need **du, de la, de l'** or **des**.

le jambon ham	some ham	*du* jambon
la salade salad	some salad	*de la* salade
l' eau water	some water	*de l'* eau
les frites chips	some chips	*des* frites

BURGERBAR

Hamburgers	3€
Hotdogs	3€
Steak-frites	5€
Frites	2€
Coca	2€
Limonade/Orangina	2€

J'ai mangé ....
J'ai bu ....
Mon copain a ....
Ma copine a ....

4

Écoutez. Qu'est-ce qu'ils ont mangé? Qu'est-ce qu'ils ont bu? Notez les lettres.

M. Bouffetout: **c**, ...
Mme Bouffetout: ....
Charlotte Bouffetout: ....
Philippe Bouffetout: ....

5

Imaginez que c'est votre anniversaire. Vous avez visité Burgerbar.
Qu'est-ce que vous avez mangé? Et votre copain/copine?
Qu'est-ce que vous avez bu? Et votre copain/copine?
Faites une liste.

Ludo, Lila et Céline sont allés aux magasins.

6 Écoutez la conversation. Regardez la liste. Qu'est-ce que Céline a oublié?

> bonbons
> cartes postales
> poster
> CD
> DVD
> pull

oublier to forget
encore une fois once again
Elles sont allées où? Where did they go?

7 Écoutez la conversation encore une fois. Qu'est-ce que Lila et Céline ont acheté? Elles sont allées où?
Exemple: Lila a acheté des bonbons à la confiserie. Céline a acheté un pull au magasin de mode. Elle a aussi acheté . . .

It sounds like this

Remember that letters of the alphabet sound different in French. Practise spelling out the following abbreviations and names:

CD   DVD   Céline   Ludo
Lila   Khaled

8 Qu'est-ce qu'ils disent? Choisissez la forme correcte.

1 Je suis **allé/allée** au Canada.

2 Moi, je suis **allé/allée** en Espagne.

3 Moi aussi, je suis **allé/allée** en Espagne.

4 Moi, au contraire, je suis **allé/allée** au Portugal.

5 Moi, je suis **allé/allée** en Irlande.

GRAMMAR

Moi, je suis allé au marché!

Moi, je suis allée à la confiserie.

When you want to say *I went*, you say *Je suis allé*. Unlike most other verbs, *aller* doesn't use *avoir* (*j'ai*, etc.) to form its perfect tense. It uses *être* (*je suis*, etc.). That's why you get *Je suis allé*.
The past participle, *allé*, has an extra 'e' if the subject is feminine. The past participle **agrees** with its subject. Look at what Lila says in her bubble.

It sounds like this

One 's' at the beginning of the word sounds like 's':

son   *ses*
sa   *soupe*

Two 's's together ('ss') also sound like 's':

la pâtisserie   *la presse*

One 's' between vowels sounds like a 'z':

*le maga**s**in*   *la mai**s**on*
*la confi**s**erie*

Now try this tongue-twister:

Superman finissait son sandwich dans la pâtisserie sur les Champs-Élysées.
Superman was finishing his sandwich in the cake shop on the Champs-Élysées.

TIP

Remember that **à** + **le** becomes **au**: *Je suis allé **au** supermarché.* If **à** is followed by **la** or **l'** there is no change: *Je suis allé **à la** confiserie et **à l'**hôtel.*

TIP

With feminine countries you use *en*.

Je suis allé en Inde.

With most masculine countries you use *au*.

Je suis allée au Canada.

For plural names like *les États-Unis* you need *aux*:

Je suis allée aux États-Unis.

9   Mariez le français et l'anglais.

1 le supermarché
2 le magasin de mode
3 le magasin de musique
4 la confiserie
5 la boulangerie
6 la pâtisserie
7 la maison de la presse
8 la papeterie

a stationer's
b newsagent's
c sweet shop
d supermarket
e music shop
f bread shop, bakery
g fashion shop
h cake shop

10   Travaillez avec un(e) partenaire. Vous avez 20€. Notez votre total.

Exemple:

A   *Moi, je suis allée à la confiserie et j'ai acheté du chocolat. J'ai payé deux euros. Qu'est-ce que tu as acheté?*

B   *Moi, je suis allé au supermarché et j'ai acheté des bananes. J'ai payé trois euros.*

11   Inventez les bulles (*speech bubbles*).

Exemple:

Moi, je suis allé en Inde. Comme souvenir j'ai acheté un petit éléphant.

Me voici en Guadeloupe.
Regardez le site web.

Surf, soleil, promenades dans la forêt, cuisine délicieuse!
Tout ça, c'est la Guadeloupe!

Une île tropicale,
mais aussi un
département
français!
Ici on peut nager dans la mer bleue, température
moyenne: 21°.
On peut faire un barbecue sur la plage.
Dans les forêts il y a des fleurs exotiques.

MER DES CARAÏBES
La Désirade
Grande-Terre
Basse-Terre
Pointe-à-Pitre
OCÉAN ATLANTIQUE
La Soufrière 1467 m
Marie-Galante

Visitez les villes historiques,
par exemple, Pointe-à-Pitre.

Vous aimez le sport? Ici on
peut faire du surf, faire de la
voile et aller à la pêche.

Et n'oubliez pas
notre volcan actif,
la Soufrière, haut
de 1467 m.

Oui, la Guadeloupe, c'est le paradis!

12
Trouvez les expressions
françaises.
1 walks in the forest
2 you can swim
3 average temperature
4 to go sailing
5 to go fishing

13
Vrai ou faux? Écrivez **V** ou **F**.
1 En Guadeloupe, on mange bien.
2 En Guadeloupe, il fait froid.
3 La Guadeloupe est un continent.
4 On peut manger au bord de la mer.
5 Il est possible de faire des sports
   aquatiques.
6 Pointe-à-Pitre est une ville moderne.
7 La Soufrière est une rivière.

14

Une journée en Guadeloupe.
Écoutez la journée de Lila. Mettez les images en ordre.

15

C'est logique! Examinez la carte. Complétez le texte avec les chiffres nécessaires.

410 000 1493 1635 4360 km
2138 km 1845 km 24

La Guadeloupe est située à **[1]** .... de New York, à **[2]** .... de Paris et à **[3]** .... de Montréal au Canada. La population est de **[4]** .... personnes.
En été la température moyenne est de **[5]** .... degrés.
Christophe Colomb a visité la Guadeloupe en **[6]** ....
Les Français ont colonisé la Guadeloupe en **[7]** ....

16

Le père de Lila prépare une recette traditionnelle guadeloupéenne, le colombo de porc.
1 Est-ce que vous pouvez identifier les ingrédients?
Exemple: **a** aubergine

des pommes de terre
un piment une aubergine
du porc un oignon de l'ail

2 Écoutez les instructions et notez les quantités.
Exemple: **a** 800
   a .... gramme(s) de porc
   b .... pomme(s) de terre
   c .... aubergine(s)
   d .... gousse(s) d'ail
   e .... piment(s)
   f .... oignon(s)
   g Préparation: .... minute(s)
   h Cuisson: .... minute(s)

la recette recipe
la gousse clove
la cuisson cooking

Le Voyageur du Temps

Salut! Je suis le Voyageur du Temps. Je m'appelle VT.

le 14ᵉ siècle

le 18ᵉ siècle

le 19ᵉ siècle

le 20ᵉ siècle

le 21ᵉ siècle

17   C'est quel siècle?

Exemple: 1 C'est le 18ᵉ siècle.

1 Les aristocrates vont à la guillotine.
2 Les Allemands occupent la France.
3 Jeanne d'Arc habite dans un château. Elle attaque les Anglais.
4 Tout le monde a un téléphone portable.
5 Gustave Eiffel surveille la construction de sa tour à Paris.

18   Inventez les souvenirs du Voyageur du Temps.

Complétez les phrases suivantes.

1 VT a visité le .... siècle et il a acheté ....
2 Il a v......... le .... s......... et il a a.........
3 Il ....

Test

1 Complétez les phrases suivantes. Utilisez les mots qui se trouvent dans la case. **[7]**

1 Lila a mangé _____ salade.
2 Ludo a préparé _____ frites pour Anne.
3 Khaled a acheté _____ fromage avec des olives.
4 Raoul a mangé _____ jambon avec _____ frites. Il a bu _____ eau.
5 Anne a bu _____ jus d'orange.

| du | de la | de l' | des |

2 Faites des phrases complètes (il y a plusieurs possibilités). **[5]**

Au restaurant, Pierre . . .
Mon père . . .
Est-ce que tu . . .
Moi, . . .
Tu . . .

. . . as préparé quelque chose pour moi?
. . . j'ai aimé les frites et la sauce.
. . . a mangé un bon steak.
. . . as regardé le menu?
. . . a décidé de boire du champagne.

3 Complétez les phrases avec la forme correcte du verbe. **[6]**

1 Hier, Lila [avoir] visité un restaurant excellent.
2 Hier soir, j'[avoir] regardé un film à la télé.
3 Hier après-midi, Ludo [avoir] bu du jus d'orange.
4 Hier, tu as [trouver] une recette?
5 Hier soir, Anne a [acheter] des cacahuètes et du chocolat.
6 Hier après-midi, j'ai [boire] de la bière.

4 Choisissez *au* ou *en*. **[4]**

1 Moi, je suis portugais. J'habite à Lisbonne **au/en** Portugal.
2 Orléans est une ville **au/en** France. La Nouvelle Orléans est **au/en** Amérique.
3 Je vais passer mes vacances **au/en** Espagne.
4 Rome est **au/en** Italie.

5 Inventez les bulles. **[8]**

Exemple: **1**

> Moi, je suis allé en Inde et j'ai acheté un sitar.

Ça va! (1)

1 Qu'est-ce qu'on dit? Il y a plusieurs possibilités.
Composez des phrases.
Exemple: Élise: **1**, **b**, **x**. Je suis allée en Italie où j'ai mangé des spaghettis.

Élise

Éric

Romain

Delphine et Rosalie

Louise et Laurent

Christine

1 Je suis allée
2 Je suis allé
3 Nous sommes allées
4 Nous sommes allés

a

b

c

au Japon
en Espagne
en Allemagne
en Angleterre
en Amérique
en Italie

d

e

f

où j'ai mangé des spaghettis.
où j'ai mangé des hamburgers.
où nous avons mangé du rosbif.
où j'ai mangé une paella.
où j'ai mangé du riz.
où nous avons mangé beaucoup de
  saucisses.

2 Continuez la séquence.

Exemple: **1** quatre-vingt-quinze
1 quatre-vingts . . . quatre-vingt-cinq . . . quatre-vingt-dix . . . ?
2 soixante . . . soixante-sept . . . soixante-quatorze . . . ?
3 quatre-vingt-trois . . . quatre-vingt-six . . . quatre-vingt-neuf . . . ?
4 cent . . . cent onze . . . cent vingt-deux . . . ?
5 cent vingt . . . cent quarante . . . cent soixante . . . ?

3 C'est la boum! Qu'est-ce qu'on peut acheter?

1 Copiez et complétez la grille. Calculez les quantités – les prix sont dans l'image.

	Budget	Quantité
de la limonade	14€	?
du coca	18€	?
des chips	20€	?
des cacahuètes	6€	?
du jus d'orange	25€	?
du fromage	12€	?

2 Vous avez un budget de 100€. Qu'est-ce que vous allez acheter? Faites une liste: calculez le total pour chaque article.
Exemple: Coca × 3 = 9€

Coca × 3 = 9€

Les planètes, les vacances

New skills and grammar in this unit
- ordinal numbers (*premier*, etc.)
- *vouloir* + infinitive
- *pouvoir* + infinitive
- *on*
- **pronunciation:** adjective endings; é and è

Topics
- the planets
- Grenoble and other cities
- holiday activities

Revision
- using *faire* in weather descriptions
- *aller* + infinitive
- the perfect tense

Le musée planétaire

VÉNUS
- est la 2ème planète du système solaire
- est l'objet le plus brillant dans le ciel après le Soleil et la Lune
- est un peu comme la Terre mais Vénus est maintenant une planète désertique où il n'y a pas d'eau

MERCURE
- est la planète la plus proche du Soleil
- est donc la 1re planète du système solaire
- la sonde *Mariner 10* a visité Mercure entre 1973 et 1974

JUPITER
- est plus grosse que les autres planètes
- est 11 fois plus grosse que la Terre!
- *Pioneer 10* a visité Jupiter pour la première fois en 1973

MARS
- la planète donne son nom au mois de mars
- sa couleur est orange/rouge
- il n'y a pas d'habitants sur la planète (probablement ...)

URANUS
- est la 7ème planète du système solaire
- est plus grosse que Neptune
- est bleue

SATURNE
- est jaune
- en pleine nuit, Saturne est facilement identifiable
- Saturne a 18 satellites, plus que les autres planètes

PLUTON
- est la plus petite planète
- la température à la surface est probablement entre −228°C et −238°C
- la planète la plus froide du système solaire

NEPTUNE
- comme Uranus, Neptune est bleue
- les vents sur Neptune sont très forts: 2000 km à l'heure
- dans la mythologie romaine, Neptune est le Dieu de la Mer

LA TERRE
- est la 3ème planète du système solaire
- est habitée
- a beaucoup d'eau

 À GAUCHE   À DROITE

Entrée

TIP

le / la plus proche the closest
le plus gros / la plus grosse the biggest
le plus brillant / la plus brillante the brightest
How would you translate: *le plus petit / la plus petite*?

It sounds like this

When an adjective adds an 'e' for its feminine form, you often find that a silent consonant is now heard. Listen to the following examples and practise them:

petit   petite
grand   grande
gros   grosse
brillant   brillante
distant   distante
premier   première
vert   verte

TIP

Remember that you can use *il fait* to describe the weather.

il fait chaud   it's hot
il fait froid   it's cold
il fait beau   it's fine (weather)

GRAMMAR

1st *le premier*   *la première*
2nd *le deuxième*   *la deuxième*
3rd *le troisième*   *la troisième*
4th *le quatrième   la quatrième*
(Note: the 'e' from *quatre* is dropped.)
5th *le cinquième la cinquième*
(Note: 'u' is added.)
9th *le neuvième   la neuvième*
(Note: the 'f' of *neuf* changes to 'v'.)

à droite   to the right, on the right
à gauche   to the left, on the left

It sounds like this

Make sure you pay attention to accents and pronounce 'e' correctly depending on whether it has a grave accent **è** or an acute accent **é**. Practise the following sentences:
La deuxième planète du système solaire, c'est Vénus.

Vénus est une planète désertique de très haute température.

1 📖 Identifiez la planète.

Exemple: **1** Saturne

1 Elle a beaucoup de satellites.
2 De la couleur de Neptune.
3 Il y a des Martiens ici?
4 Il fait très froid ici.
5 Il y a du vent ici!
6 Il fait très chaud ici.
7 Vous habitez ici.
8 La planète est très très grosse!

2 🎧 Écoutez et choisissez!

Exemple: **1 a**

1	**a** Neptune	**b**	Mars
2	**a** Jupiter	**b**	Uranus
3	**a** Jupiter	**b**	Pluton
4	**a** Saturne	**b**	Mercure
5	**a** Saturne	**b**	Uranus
6	**a** Mars	**b**	Mercure
7	**a** Vénus	**b**	Jupiter

3 💬 Travaillez avec un(e) partenaire. Contre la montre!

Partenaire **A** utilise les phrases sur le plan pour décrire une planète.
Partenaire **B** identifie la planète.

Exemple: **A** *Une grande planète orange où il n'y a pas d'habitants.*

B *Mars.*

Changez de rôle.

4 📖 ✏️ Regardez la grille. Quelle est la première, la deuxième, etc., planète du système solaire? Écrivez des phrases.

Exemple:
La première planète du système solaire, c'est Mercure.
La deuxième . . .

Planète	Distance du soleil en km
Neptune	4 497 000 000
Mercure	58 000 000
Terre	149 500 000
Saturne	1 427 000 000
Vénus	108 000 000
Mars	228 000 000
Jupiter	778 500 000
Uranus	2 870 000 000
Pluton	5 900 000 000

Paris

À Paris on peut . . .

- *visiter des musées extraordinaires*
- *manger dans des restaurants exotiques*
- *regarder des monuments incroyables*
- *monter à la Tour Eiffel*
- *trouver des magasins intéressants*
- *visiter des théâtres et des cinémas*

Argelès sur Mer

À Argelès sur Mer on peut . . .

- se baigner dans la mer et jouer sur la plage
- manger des fruits de mer et des glaces
- organiser une excursion dans les Pyrénées
- trouver des magasins
- visiter l'Espagne

Chamonix

À *Chamonix on peut . . .*

- ► **faire du ski sur des pistes noires, rouges, bleues et vertes**
- ► **trouver des écoles de ski professionnelles**
- ► **utiliser les transports publics gratuits**
- ► **acheter des articles de sport**
- ► **trouver beaucoup d'hôtels et de restaurants**

LIMOGES

À LIMOGES ON PEUT . . .

- **trouver 2000 ans d'histoire**
- **faire du sport: 5 piscines, golf municipal sur 55 hectares, 50 courts de tennis, piste de skate-board, salle dojo, patinoire**
- **admirer les monuments médiévaux**
- **visiter le Grand Théâtre et l'Opéra**
- **aller au cinéma (24 salles)**
- **visiter le musée national de la porcelaine**

PROVENCE

En Provence on peut:

- se relaxer
- se promener
- visiter des petites villes et des villages
- trouver des sites historiques
- bien manger
- acheter du vin

En vacances

5 Regardez les posters. Écoutez les questions et notez les destinations.
Exemple: **1** à Paris

6 Travaillez avec un(e) partenaire. Utilisez les posters.

A *Où est-ce qu'on peut monter à la Tour Eiffel?*

B *À Paris. Où est-ce qu'on peut acheter des articles de sport?*

Continuez.

TIP

You can often use *on* to talk about what you or people in general do:

On peut se promener.   You can go for walks.

On va acheter du vin?   Are we going to buy some wine?

On dit que Chamonix est chouette.   They say Chamonix is great.

GRAMMAR

vouloir	*pouvoir*
to want to	**to be able to**
je veux	*je peux*
tu veux	*tu peux*
il / elle /	*il / elle /*
* on veut*	* on peut*
nous voulons	*nous pouvons*
vous voulez	*vous pouvez*
ils / elles	*ils / elles*
* veulent*	* peuvent*

7 Regardez la liste. Écoutez. Identifiez les quatre choses que Monsieur Dubois **n'aime pas**.

1 le ski
2 regarder de la porcelaine
3 nager
4 Paris
5 manger des fruits de mer
6 les sites historiques
7 le vin
8 la plage
9 se promener dans la montagne

8 Écoutez encore une fois. Où est-ce que M. et Mme Dubois veulent aller en vacances?
Ils veulent aller . . .

9 Qu'est qu'on veut faire en vacances? Travaillez avec un(e) partenaire.

A (Je veux me promener.)

B (Non, c'est barbant. Je veux nager.)

A (Et je veux manger de la glace.)

B (Moi, je veux aller au cinéma.)

Un e-mail de Ludo

Salut les copains!

Salut les copains!

Ça va? J'aime bien Grenoble, c'est une ville extraordinaire! Ici, il y a beaucoup de choses à faire. Et j'ai trouvé un ami qui s'appelle Jacques. Il est sympa!

Vendredi soir, Jacques et moi sommes allés au club Le Tango. J'ai beaucoup dansé. Samedi, j'ai fait du shopping. J'ai trouvé beaucoup de magasins intéressants. J'ai acheté deux CD et un T-shirt noir. Le soir je suis allé au cinéma avec Jacques. Nous avons vu 'Les Visiteurs en Amérique'. Dimanche je me suis promené un peu au cœur de Grenoble et j'ai trouvé plusieurs cyberespaces. C'est pratique! On peut utiliser les PC, l'imprimante et le scanner. Cool!

Ici je vais faire beaucoup de sport. En hiver je vais skier. Et en été on peut visiter les parcs naturels. La nature est très jolie: la montagne, les forêts, les lacs! Samedi nous allons visiter le Lac de la Terrasse. C'est à 23 km de Grenoble. Papa va pêcher et moi, je vais nager. Maman va lire son livre - barbant!

Amitiés,

Ludo

10

Faites deux listes: **Passé** et **Futur**.
Qu'est-ce que Ludo a fait? Qu'est-ce qu'il va faire?
Exemple:

Passé	**Futur**
Il a trouvé un ami.	Il va faire beaucoup de sport.
Il ...	Il va ...

> danser   faire du shopping
> trouver un ami
> voir un film   nager
> trouver des magasins
> skier   acheter des CD
> faire du sport   aller au club

11

Regardez les images et complétez les phrases.
Ludo dit:

hier (*yesterday*)	demain (*tomorrow*)

1 'Hier je suis allé à la piscine.'
2 'Hier j'ai ....'
3 'Hier nous avons visité ....'
4 'Demain je vais aller ....'
5 'Moi, je vais nager, papa va ....'
6 'Moi, je ....'

TIP

To say what someone is **going** to do you can use
aller + infinitive:
Je vais manger une glace.   I'm going to eat an ice cream.
Tu vas voir le film?   Are you going to watch the film?
On va manger.   We're going to eat.
Il va se relaxer.   He is going to relax.
Nous allons nager.   We are going to swim.
Vous allez skier?   Are you going to ski?
Elles vont visiter le musée.   They are going to visit the museum.

12

Et vous, qu'est-ce que vous allez faire en vacances? Écrivez des phrases.
Exemple: Moi, je vais manger beaucoup de glaces. On va jouer au foot.

13 🎧 Écoutez et mettez dans l'ordre correct.

Exemple: Première suggestion, **e**; deuxième suggestion, . . .

a

b

c

d

RUE SAINT-JACQUES

LE TANGO

Cinéma Rex

e

la noix   nut
tu prends   you take
la science-fi   sci-fi
un film d'horreur   horror film

14 🎧 📖 Écoutez Ludo et Jasmine. Quel film est-ce qu'ils vont voir?

Cinéma Rex

13, rue Saint-Jacques

5 salles
13h55 16h 18h 20h05
film 10 mn après

Salle 1   A.L.I.E.N. l'extraterrestre

Salle 2   Astérix et Obélix: Mission Cléopâtre

Salle 3   MaxiMonstres

Salle 4   3 femmes et 3 enfants

Salle 5   Monty Python, sacré Graal

Tarif
adulte: 8€
moins de 16 ans: 5,40€

Grenoble

INFO **GRENOBLE – CAPITALE DES ALPES**

★ Grenoble est au centre de la région Rhône-Alpes.
★ Grenoble est la capitale de la région.
★ Le température moyenne est de 1,9°C en janvier et de 20,6°C en juillet.
★ 2000 heures de soleil par an.
★ À Grenoble il y a beaucoup de tourisme.
★ Il y a beaucoup d'hôtels, offrant au total 4000 chambres.
Renseignements touristiques et réservations hôtelières:
Office du Tourisme de Grenoble, tél. (33) (0)4 76 42 41 41

15 Vrai ou faux? Écrivez **V** ou **F**.
1 Grenoble est au bord de la mer.
2 Grenoble est dans la région Rhône-Alpes.
3 En janvier il fait froid.
4 En juillet il fait froid.
5 Il pleut souvent.
6 Il n'y a pas de visiteurs à Grenoble.
7 On peut trouver une chambre d'hôtel sans problèmes.

16 Mettez les grandes villes dans l'ordre correct, selon leur distance de Grenoble. Écrivez des phrases.
Exemple: La première ville, c'est Lyon, à 101 km de Grenoble.

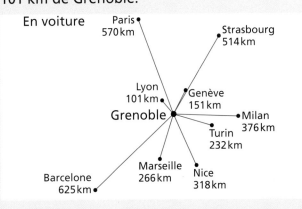

TIP

To say that one place is X km from another, you need *à* and *de*.
Barcelone est à 625 km de Grenoble. Barcelona is **625 km from** Grenoble.

17 Identifiez les villes européennes.
Exemple: Lyon est une ville française.

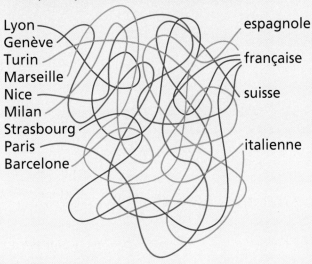

Lyon
Genève
Turin
Marseille
Nice
Milan
Strasbourg
Paris
Barcelone

espagnole
française
suisse
italienne

le stage   training course

fait deuxième l'oncle chouette va ~~vais~~ allons travaillé j'ai veux peux

Test

1 **Copiez le passage et remplissez les blancs. Choisissez les mots dans la case.** **[10]**

Pendant les grandes vacances je *vais* faire un stage de ski nautique avec mon copain, Thomas.

Nous **[1]** _____ passer quinze jours au bord de la mer au mois d'août. Thomas a déjà **[2]** _____ un stage de voile et moi, **[3]** _____ fait un stage de ski nautique mais je **[4]** _____ faire un **[5]** _____ stage. Je trouve le ski nautique **[6]** _____.

On **[7]** _____ commencer le 5 août. Moi, j'ai **[8]** _____ dans un restaurant, et je **[9]** _____ payer le stage moi-même. Thomas, il a un oncle très riche. C'est **[10]** _____ qui paie le stage. Je suis envieux!

2 **Mettez les mots dans le bon ordre.** **[12]**

Exemple: Maxine bus le veut prendre = Maxine veut prendre le bus.

1 Je monter la Tour veux à Eiffel
2 Mon veut aller et au amie au cinéma théâtre
3 Je vêtements vais acheter de sport des
4 faire du sur On va pistes les noires ski
5 trouver Nous voulons restaurant un bon
6 On manger de mer ici des fruits peut

3 **Masculin ou féminin? Faites deux listes.** **[8]**

histoire ville monument plage musée restaurant hôtel magasin montagne école village cinéma planète sport Tour Eiffel   système

Exemple:

Masculin	Féminin
	ville

Total points: 30

Unité 5

La détection d'un crime

New skills and grammar in this unit
- the perfect tense of verbs with irregular past participles: *fait, pris, vu, dit*
- some verbs that use *être* in the perfect tense
- describing people's appearance
- **pronunciation**: *i*; *en* and *on*

Topics
- electronic products
- prehistoric creatures

Revision
- physical characteristics
- agreement of adjectives
- dates and times
- prepositions: *dans, sur*, etc.

---

1 🎧 📖 Regardez la page web.
Écoutez **les prix** des articles.
Identifiez les images sur la page web.
Exemple: **1 c**

1 un lecteur DVD
2 un ordinateur
3 un magnétoscope
4 un téléviseur
5 une radio
6 un ordinateur portable
7 une minichaîne portable

ÉLECTRONIX *pour tout votre équipement électronique et numérique* **RÉDUCTIONS DE PRIX!**

a 129€
b 159€
c 170€
d 2999€
e 80€
f 2499€
g 799€

J'ai fait une petite visite au magasin Électronix . . . à neuf heures du soir . . .

J'ai vu que dans le magasin il y a toutes sortes d'appareils électroniques. J'ai noté aussi une absence de sécurité.

J'ai cassé la fenêtre et voilà, j'ai dit: Hop! je suis dans le magasin. Facile, hein?

J'ai pris beaucoup de choses . . . quatres minichaînes portables, deux magnétoscopes, trois lecteurs DVD, un ordinateur, cinq ordinateurs portables . . . pas mal, hein? Réductions de prix? Ha! pour moi, pas de problème, c'est une réduction totale!!

2 🎧 📖 Le voleur a pris combien de chaque sorte d'appareil?
Exemple: **a 5**

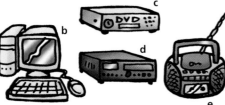

GRAMMAR

There are five examples of the perfect tense in the robber's story. Can you find them? Some hints:
- they do not all end in 'é'.
- the past participle of the verb *prendre* (to take) is *pris*.
- the past participle of the verb *faire* is *fait*.
- the past participle of the verb *voir* (to see) is *vu*.

It sounds like this

The letter 'i' is always pronounced like 'ee' between consonants, except in words ending with 'in'.
Try this:
J'ai visité une petite ville et chez Électronix j'ai pris un ordinateur, un téléviseur et aussi des cassettes-vidéo.

3 Regardez l'histoire du voleur, à la page 27. Corrigez les erreurs dans les phrases 1–5.
Exemple: **1** 21h00
1 Le voleur a visité le magasin à **18h00**.
2 Dans le magasin il a vu beaucoup de **clients**.
3 Il a trouvé **difficile** d'entrer dans le magasin.
4 Il a **fait** une fenêtre.
5 Il a **acheté** trois lecteurs DVD.

4 Lisez l'e-mail de Ludo et répondez aux questions: choisissez **a** ou **b**.
1 Qu'est-ce que Ludo a pris au restaurant?

a    b

2 Qu'est-ce que Ludo a fait dimanche matin?

a    b

3 Qu'est-ce que Ludo a vu au cinéma?

a    b

Salut les copains!

Salut les copains!

J'ai passé un week-end excellent! Samedi, je suis allé en ville avec mes parents. Papa a décidé de manger dans un bon restaurant. Moi, j'ai pris du poulet avec des pommes lyonnaises (des pommes de terre avec des oignons frits). Dé-li-ci-eux!!!

Dimanche matin, j'ai fait une promenade avec notre nouveau chien Croc-Dents. Il est mignon, mais il est gourmand! Dimanche soir, je suis allé au cinéma et j'ai vu L'Attaque des Clônes. Mon opinion? C'est un film nul, nul, nul!

5 Composez un e-mail. Qu'est-ce que vous avez fait le week-end dernier?
Je suis allé(e) ....
J'ai fait ....
J'ai pris ....
J'ai vu ....

6

Qu'est-ce que M. Bougard a vu? Choisissez la réponse correcte.

1 M. Bougard a vu le voleur
   a lundi soir.
   b hier soir.
   c samedi soir.

2 Le voleur est arrivé au magasin à
   a deux heures.
   b neuf heures.
   c trois heures.

3 Il est
   a monté en voiture.
   b entré.
   c arrivé.

4 Il
   a est cassé
   b a cassé
   une fenêtre et il
   a est entré
   b a entré
   dans le magasin.

5 Il est
   a allé dans le magasin pendant
   b entré
   c resté
   a 2 minutes.
   b 12
   c 20

6 Après, il est monté dans
   a sa voiture
   b un arbre
   c son camion
   et il est
   a allé.
   b parti.
   c rentré.

7

Contre la montre! Combien de phrases sont possibles en deux minutes?
Il y a beaucoup de possibilités!
Exemple:

> Le chat est entré dans la banque à quatre heures.

Paul		arrivé		
Il	est	monté	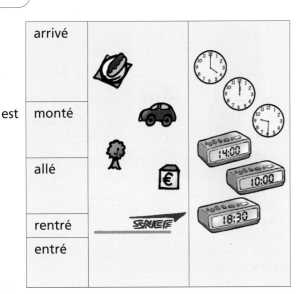	
Le chat		allé		
Monsieur Duval		rentré		
Le voleur		entré		

Les suspects

éliminer   to eliminate
là   there

8 🎧 Quel suspect est-ce que M. Bougard identifie?
Écoutez l'interview et notez le numéro du suspect.

GRAMMAR

When describing people's appearance, remember that adjectives come after the noun.

les cheveux longs   *les cheveux mi-longs*   *les cheveux courts*
long hair   mid-length hair   short hair

This goes for clothes and their colours too.
Remember to make the adjective agree with the noun.

un jean noir   *une robe noire*

Remember, too, to make adjectives agree with the **people** they refer to.

Il est grand   **Elle** est grande
He's tall   She's tall
Il est assez grand   **Elle** est assez grande
He's fairly tall   She's fairly tall
Il est petit   **Elle** est petite
He's short   She's short

9 📖✏️ Trouvez les mots corrects dans
la case, et décrivez les dessins.
Exemple: un pantalon blanc

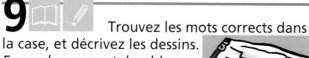

un une des
pantalon jean chemise baskets journal livre
T-shirt minichaîne short
rouge rouges noire noir verte vertes jaune
blanc blanche bleus bleu

10 ✏️ Complétez la description du
suspect numéro 3.
Suspect No. 3
Elle est a _ _ _ _   gr _ _ _ _ _.
Elle a les ch _ _ _ _ _   m _ - _ _ _ _ _
et b _ _ _ _ _ _.
Elle porte une r _ _ _   b _ _ _ _   et des
ch _ _ _ _ _ _ _ _   n _ _ _ _ _.

11 💬 Travaillez avec un(e) partenaire.
Partenaire **A** décrit un(e) des suspects, **B** devine
son identité.

A (Le suspect a . . . Il a . . .)

B (C'est le numéro 3?)

A (Oui. / Non.)

Rapport de l'inspecteur de police

Je suis arrivé au magasin à deux heures trente, mardi 6 avril. J'ai observé une fenêtre cassée. Je suis entré. Mlle Hubert, qui est responsable du magasin, est arrivée. J'ai interviewé Mlle Hubert.

12 Mettez les événements dans l'ordre correct.

Exemple: **b**, ...

Inspecteur:	Qu'est-ce que vous avez fait lundi soir, Mademoiselle?
Mlle H:	Eh bien, j'ai fermé le magasin à 17 heures. J'ai quitté le magasin. Je suis rentrée ... et ... euh ... j'ai dîné ... euh, puis ... je suis allée au cinéma avec une amie ...
Inspecteur:	Au cinéma ... ?
Mlle H:	Oui ... nous sommes arrivées au cinéma à neuf heures, et nous avons vu un film de science-fiction ... 'L'Attaque des extra-terrestres' ... C'était terrifiant!
Inspecteur:	Ah bon?
Mlle H:	Apres, j'ai pris l'autobus. Chez moi, j'ai pris une tasse de thé et je suis allée au lit ... vers onze heures, je pense.

GRAMMAR

Agreements

Mlle Hubert est arrivée au cinéma.

If the subject of a verb which takes *être* is feminine, an extra 'e' is added to the past participle. The past participle agrees with the subject, in the same way as an adjective has to agree: *Elle est allée au cinéma.* Mademoiselle Hubert says: *Je suis allée.*

Here, *je* (I) refers to somebody feminine, so *allé* has 'e' on the end.

13 Qui parle? C'est un homme ou une femme?

Dessinez ou .

Exemples: Je suis arriv**é**   Je suis arriv**ée**

1 Je suis arrivé au magasin à deux heures.
2 Je suis arrivée au magasin à 2h25.
3 Je suis rentrée.
4 Je suis allé au restaurant avec mon père.
5 Je suis allée au restaurant avec ma mère.
6 Je suis entré dans l'église.

14 Voici le rapport de l'inspecteur sur les activités de Mlle Hubert. Copiez le paragraphe et complétez les mots avec é ou ée.

Mlle Hubert a ferm___ le magasin à 17 heures. Elle est rentr___ et elle a dîné. Puis, à neuf heures elle est all___ au cinéma où elle a vu un film de science-fiction. Après, elle a pris l'autobus et elle est rentr___. Elle a pris une tasse de thé et elle est all___ au lit à onze heures.

Mais qui est le voleur?

1

Gangsters organisent vols

Des gangsters organisent des vols de téléviseurs, d'ordinateurs et de DVD

2

le vol theft
voler to steal
le comptoir counter
la poubelle dustbin
selon according to

3

Cinéma Rex

Salle 1: L'Attaque des extra-terrestres
mardi à dimanche, du 30 mars au 4 avril, à 19h30, 21h30

Salle 2: Pinocchio
mardi à dimanche, 18h00, 20h00

Fermé lundi.

TIP

Don't forget your prepositions:
dans in
sur on
sous under
derrière behind
devant in front of

TIP

With dates in French, you use cardinal numbers (2, 3, 4, etc.) not ordinal numbers (2nd, 3rd, 4th, etc.):
le 4 janvier 4th January
le 6 mai 6th May
The exception is the first of the month:
le premier juin 1st June
le premier décembre 1st December
du 6 au 12 mai from 6th to 12th May
du 28 juillet au 3 août from 28th July to 3rd August

---

15 📖💡 L'inspecteur parle aux policiers. Choisissez la réponse correcte.
Exemple: **1 b**

1 Ils ont trouvé les baskets
a  b

2 La poubelle est
a  b

3 Ils ont trouvé le journal
a  b

4 Ils ont trouvé la publicité du Cinéma Rex
a  b

5 Selon l'article, on vole
a  b

6 Le cinéma est fermé le
a dimanche b lundi

16 📖 Mariez les dates. Soyez logiques!

La fête de Noël	14.7
Exposition de fleurs d'été	19.10
La foire au ski, Grenoble	25.12
Solde de vêtements d'automne	1.9
Grande solde: la rentrée de septembre	15.1

Mais qui est le voleur?

Visite au Parc Préhistorique

Khaled a visité le Parc Préhistorique.

a Il est arrivé au parc à dix heures. Il a payé 5€ pour entrer.

b Il est allé voir les tyrannosaures.

c Il a noté des détails sur les stégosaures.

d Il a interviewé le gardien.

e Il est monté sur les rochers pour observer les ptérodactyles.

f Il a piqueniqué.

g Il est resté deux heures dans le parc.

17 Voici des extraits des notes de Khaled. C'est quelle section?

Exemple: **1 c**

1 *ces dinosaures énormes sont des végétariens*

2 *fatigué! Ces animaux sont comme des perroquets!*

3 *c'est cher!*

4 *j'ai parlé avec*

5 *et puis je suis rentré*

6 *dinosaure carnivore*

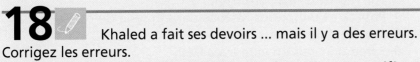

18 Khaled a fait ses devoirs ... mais il y a des erreurs. Corrigez les erreurs.

Exemple: Khaled a vu le mammouth dans la section mammifères.

Section dinosaures	Section ptérosauriens	Section mammifères	Section hommes des cavernes
le mammouth	*le ptéranodon*	*le tyrannosaure*	*les néandertaliens*
le stégosaure	*le tigre à dents de sabre*		
le ptérodactyle			

les néandertaliens
Neanderthal people

19 Imaginez que vous avez visité le Parc Préhistorique. Enregistrez sur cassette vos impressions.

Exemple:

Aujourd'hui je suis allée au Parc Préhistorique. J'ai vu les mammouths et les tigres à dents de sabre. C'était super! ...

Test

1 🎧 **Écoutez le passage et écrivez la date correcte.**   [8]
Exemple: 18 octobre   8 octobre   *18 octobre*
   1 20 juin   22 juin
   2 30 mars   13 mars
   3 14 août   15 août
   4 4 avril   5 avril
   5 9 octobre   19 octobre
   6 20 décembre   22 décembre
   7 16 août   6 août
   8 17 février   18 février

2 **Remplissez les blancs: vu, fait, pris, dit?**   [8]
Exemple: En Italie j'ai **vu** la Tour penchée de Pise.
   1 J'ai _____ un stage de ski à Grenoble.
   2 Mon ami a _____ un lion en Afrique du Sud.
   3 Nous avons _____ un pique-nique.
   4 As-tu _____ mes photos?
   5 J'ai _____ une douche.
   6 Tu as _____ la vaisselle, Sandrine?
   7 J'ai _____ un coca et deux hotdogs!
   8 Paul a _____ qu'il va venir.

3 **Écrivez les phrases au passé composé.**   [14]
Exemple: Paul **est rentré** à 11 heures.
   1 Le bus arrive à 4 heures.
   2 Je reste deux semaines au bord de la mer.
   3 Luc monte à la Tour Eiffel.
   4 Patrick et moi, nous restons dans la salle de classe.
   5 J'entre dans le musée.
   6 Samedi je vais en ville avec Nelly.
   7 Vous arrivez lundi, Monsieur?

Total points: 30

Unité 6 Ça va! (2)

1 Travaillez avec un(e) partenaire. Regardez l'horaire (*schedule*) des activités. Choisissez vos activités. Discutez des possibilités.

Exemple:

A (Le premier jour on peut jouer au volley.)

B (Non, je ne veux pas jouer au volley. Moi, je veux jouer au foot!)

A (Tu peux faire ça. Moi, je veux jouer au volley!)

ou . . .

A (D'accord. On va jouer au foot.)

Faites la liste de vos activités préférées.
Exemple: Premier jour: David joue au foot, Mark joue au volley.

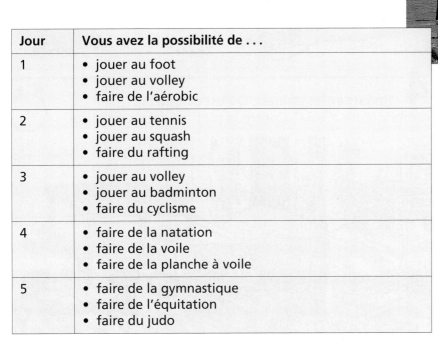

Jour	Vous avez la possibilité de . . .
1	• jouer au foot • jouer au volley • faire de l'aérobic
2	• jouer au tennis • jouer au squash • faire du rafting
3	• jouer au volley • jouer au badminton • faire du cyclisme
4	• faire de la natation • faire de la voile • faire de la planche à voile
5	• faire de la gymnastique • faire de l'équitation • faire du judo

2 Imaginez que vous êtes en colonie de vacances. Écrivez une carte postale à votre copain/copine.

Choisissez des activités de la liste à la page 35.

> Chère Louise
> Ici c'est super! Le premier
> jour, j'ai… et j'ai
> …. Le deuxième jour
> j'ai… et j'ai ….
> Demain je vais…!
> Il fait beau ici.
> Bisous
> Catherine

> Mlle Louise Martin
> 10 Rue Ribbenstrass
> 67000 Strasbourg

3 Travaillez à deux. Jeu de morpion (*noughts and crosses*).
Exemple: Je suis allé à **Londres** et j'ai **visité la place Trafalgar**.

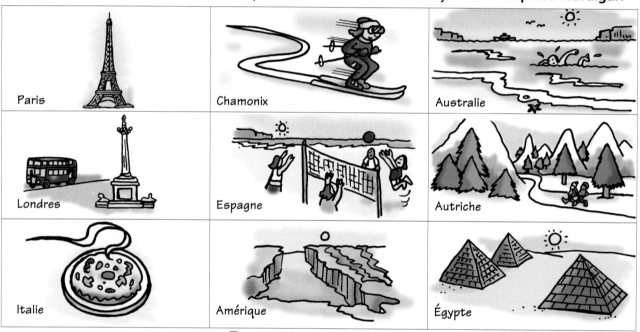

Paris	Chamonix	Australie
Londres	Espagne	Autriche
Italie	Amérique	Égypte

4 Regardez les images. Qu'est-ce que la cambrioleuse a volé? Contre la montre, faites une liste.

Avant …

Après …

Unité 7

Histoires dramatiques

New skills and grammar in this unit	Revision
• how to give years: *1929, 2003* • nationality: *les Français* • the irregular past participles *été* and *eu* • *quel, quelle* • **pronunciation:** *gn* **Topics** • history of the World Cup • the *Titanic* disaster • the *Challenger* catastrophe • the first ascent of Everest • a Greek myth	• using *être* or *avoir* with verbs in the perfect tense • past participles • dates and times • numbers • *à, au* and *en* with places • adjectives for nationalities

Quel match!

 Le Mondial (la Coupe du Monde)

1 En 1928, Jules Rimet, Président de l'AFF (Association française du football) et Henri Delaunay, secrétaire général de la FFF (Fédération française de football) ont proposé une compétition mondiale. On a finalement accepté cette proposition, et on a joué le premier match en 1930: la France a joué contre le Mexique, et a gagné 4–1. Dans la finale, l'Uruguay a gagné 4–2 contre l'Argentine. L'Uruguay a donc gagné le premier trophée Jules Rimet.

2 En 1966, les Anglais ont gagné le Coupe du Monde 4–2 contre l'Allemagne. Geoff Hurst a marqué trois buts.

En 1966 on a volé le trophée. Un chien a retrouvé la coupe dans un parc.

3 En 1998, 32 équipes de football ont participé à la compétition. L'Iran a marqué 17 buts contre les Maldives! 17–0, quel résultat! Dans la finale la France a joué contre le Brésil au stade de France. Zinédine Zidane a marqué deux buts et Emmanuel Petit a marqué le troisième but pour la France. Le résultat?

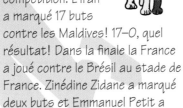

3–0. Oui, la France a gagné le Championnat du Monde!

4 En 2002 la Coupe du Monde a eu lieu en Orient: au Japon et en Corée. Année désastreuse pour les joueurs français, qui n'ont pas marqué un seul but!

1 🎧 C'est quelle année? Écoutez et identifiez l'année des matchs.

GRAMMAR

Years
To give the years in the 20th century, say *mil neuf cent . . .* or *dix-neuf cent . . .*
1929 *mil neuf cent vingt-neuf* or *dix-neuf cent vingt-neuf*
To give years in the 21st century, say *deux mil . . .*
2003 *deux mil trois*
Note the special spelling *mil* for 'thousand' in dates. Neither *mil* nor *cent* become plural in dates.

Countries and peoples
Country	People
la France	*les Français*
l'Angleterre	*les Anglais*
l'Allemagne	*les Allemands*
l'Iran	*les Iraniens*
l'Argentine	*les Argentins*
l'Uruguay	*les Uruguayens*
le Mexique	*les Mexicains*

TIP

Ils pensent que c'est fini!
They think it's over!
Can you translate '*C'est fini maintenant!*'?

contre   against
gagner   to win
marquer un but   to score a goal
retrouver   to find again
avoir lieu   to take place
a eu lieu   took place

2 Mariez les sections, pour avoir des phrases qui correspondent au texte à la page 37.

1 En 1928, Jules Rimet
2 Dans le premier match, les Français
3 Dans la première finale, les Uruguayens
4 En 1966, l'Angleterre
5 Heureusement, on
6 En 1998, l'Iran
7 En cette année, les Français

a ont gagné contre les Argentins.
b a gagné le trophée Jules Rimet.
c a retrouvé le trophée volé.
d a participé au championnat et a créé un record.
e ont gagné le championnat.
f a suggéré une compétition mondiale.
g ont joué contre les Mexicains.

3 Complétez les phrases suivantes:

1 . . . . ont joué contre le Mexique en 1930.
2 . . . . a joué contre l'Argentine.
3 . . . . a marqué deux buts dans la finale en 1998.
4 . . . . a gagné le championnat en 1966.
5 . . . . ont marqué 17 buts contre les Maldives.

Petit Quiz sur le foot
Il a marqué 49 buts pour l'Angleterre.
C'est a Gary Lineker   b Bobby Charlton   c Alan Shearer

Leur équipe a gagné la Coupe en 1994.
C'est a l'Argentine   b l'Italie   c le Brésil

---

4 Inventez un petit quiz sur le sport pour votre partenaire.
Exemples:

Il a marqué 29 buts pour
Newcastle.
Il est grand.
Il a les cheveux mi-longs
et blonds.
C'est qui?

Elle est championne de
tennis.
Elle est grande.
Elle a les cheveux noirs.
Elle habite à New York.
C'est qui?

Quel désastre!

INFO   LE TITANIC

Le 11 avril 1912, dans la matinée, le paquebot *Titanic* est arrivé à
Queenstown en Irlande. Six heures plus tard, il a quitté le port, à
destination de New York. Pendant les premiers jours du voyage, la mer
a été très calme mais l'équipage a eu des problèmes. La nuit du 14 au 15
avril, à 23h40, le *Titanic* a heurté un iceberg énorme près de
Newfoundland. Le bateau a
immédiatement commencé à couler. Les
passagers ont abandonné le *Titanic* après deux
heures. Le bateau a coulé à 2 heures du matin,
le 15 avril. Le désastre a tué 1513 personnes.
On a sauvé 705 passagers. Ils sont arrivés
finalement à New York le 18 avril.

Queenstown
×
New York

---

5 Corrigez les phrases.

1 À 17 heures, le *Titanic* a **mangé** Queenstown.
2 Le *Titanic* a **abandonné** un iceberg.
3 Les passagers ont **heurté** le *Titanic*.
4 Le *Titanic* a **explosé** dans l'océan.
5 On a **tué** 705 passagers.

la matinée   the morning
le paquebot   liner, steamship
l'équipage (m)   crew
heurter   to hit, strike
couler   to sink
le passager, la passagère
   passenger
tuer   to kill

6 Complétez le rapport sur le désastre.

Date	Heure	Commentaire
11.4.12	17.00	Nous avons q . . . .
. . . .	. . . . . .	Le *Titanic* a h . . . .
. . . .	. . . . . .	Nous avons a . . . .
. . . .	. . . . . .	Le bateau a c . . . . . .

GRAMMAR

There are two more irregular
past participles:
avoir   **eu**
être   **été**
Both these verbs take *avoir* in
the perfect tense:
*La mer a été calme, mais
l'équipage a eu des problèmes.*
   The sea was calm, but the
   crew had some problems.

7 Partenaire B: Vous êtes un des passagers du *Titanic*.
Un reporter vous interviewe.
Partenaire A: Vous êtes le reporter. Interviewez le passager /
la passagère.

A	B
1 Où est-ce que vous avez acheté votre billet?	J'ai a . . . .
2 Vous êtes arrivé à Queenstown à quelle heure?	Je s . . . .
3 Vous êtes monté à bord à quelle heure?	Je s . . . .
4 Le bateau a quitté Queenstown à quelle heure?	Il a . . . .
5 Le *Titanic* a heurté l'iceberg à quelle heure?	On . . . .
6 Le paquebot a coulé à quelle heure?	Il a . . . .
7 Vous êtes arrivé à New York le 14 avril?	Non, je s . . . .

Quelle catastrophe!

 La navette spatiale _Challenger_

Le 1 février 2003 la navette spatiale américaine Columbia a explosé et les sept astronautes ont été tués. Mais cette catastrophe n'était pas le premier désastre dans l'histoire des navettes spatiales ...

La nuit du 27 au 28 janvier 1986, il a fait très froid à Cape Canaveral aux États-Unis. En effet, il a gelé. Le froid a cassé des sections de la navette spatiale _Challenger_.

Les six astronautes professionnels et une passagère, Christa McAuliffe, professeur d'histoire et d'anglais, sont déjà arrivés à Cape Canaveral. Le matin du 28 janvier, ils sont montés

dans _Challenger_. La fusée a décollé et est montée dans le ciel. Mais 73 secondes plus tard, _Challenger_ a explosé. L'explosion a tué les six astronautes et Christa McAuliffe. Les débris sont tombés dans l'Océan Atlantique.

en effet   indeed
geler   to freeze
casser   to break
la navette spatiale   space shuttle
décoller   to take off

8    Mettez les images en ordre.

a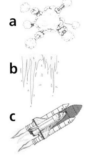

b

c

d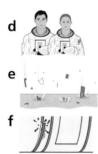

e

f

9   Mariez les chiffres et les mots, selon le texte.

1 six
2 le vingt-huit
3 zéro
4 soixante-treize

a secondes
b degré
c astronautes
d janvier

10   Choisissez la forme correcte du verbe et écrivez la phrase.

1 À 7 heures, Christa **a/est** mangé son petit déjeuner.
2 Elle **a/est** montée dans la voiture avec les autres astronautes.
3 Ils **ont/sont** arrivés à la fusée quelques minutes plus tard.
4 Le groupe **est/a** monté dans la fusée.
5 La fusée **a/est** décollé et **a/est** explosé.

GRAMMAR

Remember that some verbs use _être_ in the perfect, not _avoir_. These verbs include _aller_ (to go), _arriver_ (to arrive), _entrer_ (to enter), _monter_ (to go up, get into), _retourner_ (to return), _tomber_ (to fall). This is what you add to the past participle of these verbs.

	Masculine	Feminine
Singular	–	e
Plural	s	es

Christa McAuliffe **est** arrivé**e** à Cape Canaveral.
Les astronautes **sont** entré**s** dans la navette.

Quel triomphe!

INFO   L'ascension du Mont Everest (8848 m)

En mars 1953, une expédition britannique est arrivée au Mont Everest dans l'Himalaya. Pendant deux mois, les alpinistes sont montés vers le sommet. Le 23 mai, il a fait très froid, et il a neigé. Le 26, deux alpinistes, Charles Evans et Tom Bourdillon, ont quitté le camp 8 et ils sont montés au «Sommet Sud». Le sommet final est 100 mètres plus haut. Mais soudain Evans a rencontré un problème . . . pas d'oxygène! Ils sont retournés au camp.

Le 28 mai, Edmund Hillary, un alpiniste de Nouvelle Zélande, et son partenaire Sherpa, Tenzing Norgay, ont remplacé Evans et Bourdillon, au camp 9. Le lendemain matin ils sont aussi montés au Sommet Sud. L'ascension vers le sommet final a été difficile, mais les deux hommes ont fait un grand effort. Soudain Hillary a vu le sommet devant lui!

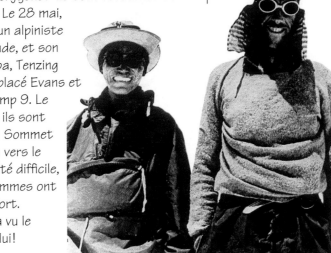

À 11.30 du matin Hillary et Tenzing sont arrivés au sommet. Ils ont photographié la vue et puis ils ont commencé la descente. L'après-midi, ils sont arrivés au camp 9.

Les nouvelles sont arrivées à Londres le 3 juin, le jour même du couronnement d'Elizabeth II.

le lendemain   the following day
un(e) alpiniste   climber
le sommet   summit
soudain   suddenly
remplacer   to replace
les nouvelles (f pl)   the news

11   Décidez: Vrai? Faux? Pas dans le texte? (*Not in the text?*) Écrivez **V**, **F** ou **P**.
1 Le Mont Everest est situé dans les Alpes.
2 Le 23 mai il a gelé.
3 Evans et Bourdillon sont montés au Sommet Nord.
4 Puis ils sont montés 100 mètres plus haut.
5 Hillary et Tenzing sont arrivés les premiers au sommet d'Everest.
6 Ils ont immédiatement commencé à descendre.

12   Complétez les phrases suivantes. Choisissez un participe dans la case. Il y a plusieurs possibilités.
1 L'expédition britannique est . . . . au Camp 4 à 7986 m.
2 Quel temps terrible! Il a . . . . et il a . . . . très froid.
3 Les deux alpinistes sont . . . . au Sommet Sud.
4 Hillary a . . . . Evans, et Norgay a . . . . la place de Bourdillon.
5 Le 28 mai, Hillary et Tenzing ont . . . . à monter.
6 Enfin, ils sont . . . . au sommet d'Everest.

13   Une interview avec Hillary et Tenzing. Voici les réponses. Composez les questions et enregistrez votre interview avec votre partenaire.
– Nous avons commencé à monter à 9 heures.
– Oui, nous avons bien mangé au camp.
– Non, nous n'avons pas eu de problèmes avec l'oxygène.
– Il a neigé, bien sûr!
– Nous avons planté des drapeaux et nous avons pris des photos.

trouvé arrivés fait montée
monté substitué commencé
pris neigé remplacé arrivée
montés

Quel week-end!

14 🎧 Écoutez Céline et Lila au téléphone. C'est à Paris ou en Guadeloupe?

Paris	Guadeloupe
b	a

GRAMMAR

Verbs with *avoir*
Verbs that take *avoir* don't agree with their subjects:
Céline a acheté un body.
Lila a mangé une salade.
Papa et Lila ont mangé ensemble.

Verbs with *être*
All verbs that take *être* agree with their subjects:
Céline: 'Moi, je suis allée à Paris.'
Céline est allée dans un club.
Céline et son père sont retournés plus tard.

15 🎧📖✏️ Écoutez la conversation encore une fois. Complétez les phrases suivantes:

1 **Céline** est allée à . . . .
2 Elle a acheté . . . .
3 Elle a mangé . . . .
4 Il a fait . . . .
5 Le soir, elle est allée . . . . et elle a dansé . . . .
6 Elle est allée au lit . . . .
7 **Lila** est a . . . .
8 Elle a a . . . .
9 Elle a m . . . .
10 Il a f . . . .
11 Le soir elle est r . . . .
12 Elle a r . . . . et elle a f . . . .
13 Elle est a . . . .

17 💬 Décrivez le week-end dernier. Qu'est-ce que vous avez fait?

16 🎧 C'est le week-end passé ou le week-end prochain?

Week-end passé	Week-end prochain
2	1

Quelle histoire!

PERSÉE ET MÉDUSE LA GORGONE: MYTHE GREC

Méduse la Gorgone . . .
quel monstre terrible!

. . . capable de pétrifier
un homme quand il
regarde son visage!

Persée, fils de
Zeus, est allé en Libye pour
conquérir la Gorgone . . .

. . . armé d'un glaive
et d'un bouclier

. . . et d'un chapeau
d'invisibilité.

Il a trouvé la Gorgone,
mais il n'a pas regardé
Méduse, il a regardé son
reflet dans son bouclier.

Persée a décapité Méduse.

Puis il a tué les sœurs de Méduse.

Persée a commencé son voyage de retour
en Grèce.

En route, il a trouvé une jeune fille,
Andromède, enchaînée à un rocher.

Un monstre marin a
attaqué Andromède . . .

. . . mais Persée a montré
au monstre la tête de la
Gorgone . . .

. . . et le regard de la Gorgone
a pétrifié le monstre!

Persée et Andromède sont rentrés en
Grèce . . . et ils se sont mariés.

GRAMMAR

Have you noticed the use of *Quel* and *Quelle* in
the page titles in this unit? Go back and have
another look. What do you think *Quel* and *Quelle*
mean in this sort of context?

Test

1 **Qu'est-ce que c'est en français?**   [7]

Exemple: un drapeau

2 **Les phrases en désordre! Écrivez les phrases correctes.**   [8]
Exemple: **1** Mon ami a marqué un but.
1 Mon un but a marqué ami.
2 marqué de Bernard n'a buts pas.
3 gagné l'Allemagne L'Angleterre a contre.
4 a tennis le championnat de gagné Qui?
5 a le contre Canada joué On.
6 Les passagers à montés du bateau bord sont.
7 La montée très le vite fusée ciel est dans.
8 la fusée sont montés Les dans astronautes.

3 **Copiez les phrases et remplissez les blancs.**   [10]
Exemple: L'Uruguay **a** gagné le match.
1 Les Japonais _____ marqué deux buts.
2 Le train _____ arrivé à huit heures.
3 Nous _____ restés deux semaines en France.
4 Est-ce que vous _____ vu le Grand Canyon?
5 Mon chien _____ trouvé le ballon dans le parc.
6 Les garçons _____ rentrés à trois heures du matin.
7 Est-ce que tu _____ vu le film, Jenny?
8 Ma famille _____ allée au Brésil.
9 Vous _____ restés à la maison tout le week-end?
10 Michelle et moi nous _____ allées en ville.

Total points: 25

8

Les règlements, les conséquences

New skills and grammar in this unit
- what you can/must or cannot/must not do
- the verb *devoir*
- how to use *si* – if
- some verbs ending in *-re* or *-ir*
- **pronunciation:** *oi; ch; ou* and *u*

Topics
- do's and don'ts
- household jobs
- health advice
- problems on holiday

Revision
- *vouloir*
- *pouvoir*

1

Lisez les phrases 1–7. Trouvez les quatre phrases **fausses**.

1 Au centre sportif on peut manger du chewing-gum.
2 Il n'est pas permis de courir.
3 On peut sauter dans la piscine.
4 Caresses interdites!
5 Au centre sportif on peut fumer.
6 Au centre sportif on ne peut pas manger de sandwichs.
7 On peut porter un bikini.

2

Écoutez et lisez.

courir to run
interdit forbidden

> Mais Céline, tu portes un bikini! C'est contraire au règlement! Tu dois porter un maillot de bain!

> Mais, Khaled, on ne doit pas sauter dans la piscine. C'est interdit!

> Mais je dois porter un bikini, je n'ai pas de maillot de bain!

It sounds like this

Remember that consonants at the end of words in French are usually not said or heard! Read the dialogue in exercise 2 and identify the only two words ending in a consonant that is pronounced. Why are these two words exceptions to the rule?

GRAMMAR

To say that you *have* to do something, you use the verb *devoir* with the infinitive of the verb you need:

*Je **dois aller** au collège.*   I have to go to school.

*Tu **dois porter** un maillot de bain.*   You have to wear a swimming costume.

*Il / Elle **doit faire** les courses.*   He/She has to do the shopping.

*On **doit apprendre** le français.*   You have to learn French.

*Nous **devons partir**.*   We have to leave.

*Vous **devez vendre** votre voiture.*   You must sell your car.

*Ils / Elles **doivent sortir** plus souvent.*   They must go out more often.

It sounds like this

Practise the pronunciation of 'oi' in French (it sounds like 'wa'), using the following examples:

Il doit boire trois jus de poire par jour.

Il choisit des poires. Un kilo, c'est trois euros.

3 📖 Complétez les phrases. Ajoutez 's' ou 't'.

Exemple: **1** dois

1 Est-ce que je doi__   partir à 22h00?
2 Est-ce qu'elle doi__   faire ses devoirs?
3 Est-ce que tu doi__   apprendre l'allemand?
4 Est-ce qu'il doi__   sortir maintenant?
5 Est-ce que je doi__   vendre mes livres?
6 Est-ce que tu doi__   porter une chemise?

4 🎧 Écoutez et mettez les images dans l'ordre correct.

5 💬 Travaillez en groupe. Qu'est-ce qu'on doit faire au collège? Inventez des règlements positifs et negatifs. Utilisez les infinitifs et les phrases dans la case.

Exemples:

Au collège je dois écouter.

Dans la classe tu dois parler.

Dans la classe on ne doit pas manger.

parler chanter écrire courir manger travailler boire jouer sortir partir répéter copier inventer écouter lire épeler prendre poser apprendre	des notes des cassettes des mots des questions des livres des phrases

Professeur:
Écoutez bien! Aujourd'hui vous allez apprendre quelque chose d'intéressant. Mais l'expérience va sentir un peu mauvais. Philippe, non, tu ne dois pas courir dans la classe! Oui Céline, si tu veux, tu peux ouvrir la fenêtre. Philippe, tu dois t'asseoir, s'il te plaît! Non, Jérôme, tu ne dois pas battre Véronique. Arrête! Oh là là, Henri, tu ne dois pas boire les produits chimiques!

Alors, pour l'expérience nous devons mélanger les produits chimiques. Eh, Quentin, je t'en prie, tu dois rester ici, tu ne peux pas partir! Ah non!! Laurence et Catherine, vous ne devez pas casser les verres! Khaled, tu peux couvrir le verre, ici? Oui, merci. Et maintenant nous devons attendre la réaction . . . Mince! La fin de la classe. Si vous voulez, vous pouvez partir. Au revoir . . .

6 🔆 📖 Écoutez et lisez. Identifiez les personnages dans l'image de la classe de chimie.
Exemple: **a** Khaled

TIP

Not all verb infinitives end in *-er*. Here are some examples of infinitives that end in *-ir* and *-re*:

choisir	to choose	*apprendre*	to learn
ouvrir	to open	*boire*	to drink
courir	to run	*attendre*	to wait

7 🔆 📖 Écoutez et lisez. Liez les verbes français et les verbes anglais.

apprendre	to sit down
sentir	to drink
courir	to beat
ouvrir	to mix
s'asseoir	to learn
battre	to open
boire	to leave
mélanger	to run
partir	to wait
casser	to smell
couvrir	to break
attendre	to cover

8 💬 Travaillez avec un(e) partenaire. Regardez la grille et inventez des règlements pour la classe de chimie.

A On doit écouter.

B C'est vrai, et on ne doit pas courir dans la classe.

on doit **on peut** **on ne peut pas**	apprendre quelque chose écouter courir dans la classe ouvrir la fenêtre s'asseoir battre les amis boire les produits chimiques mélanger les produits chimiques partir pendant la classe casser les verres attendre

It sounds like this

'ch' in French sounds like 'sh' in English 'shop', never like 'ch' in English 'chop'.
Dans la classe de chimie, Charles choisit un produit chimique, mais Charlotte est méchante: elle chante et elle boit un chocolat chaud!

GRAMMAR

si if

Si tu veux, tu peux ouvrir la fenêtre. If you want, you can open the window.

Si elle veut aller en ville, elle doit prendre l'autobus. If she wants to go into town, she has to take the bus.

9 Trouvez les paires.

Exemple: **1 d**

1 Si tu veux, . . .
2 Si vous voulez, . . .
3 Si je veux, . . .
4 S'il veut, . . .
5 Si Céline veut, . . .
6 Si nous voulons, . . .

a . . . elle peut ouvrir la fenêtre.
b . . . nous pouvons apprendre quelque chose.
c . . . vous pouvez partir.
d . . . tu peux t'asseoir.
e . . . je peux attendre.
f . . . il peut mélanger les produits chimiques.

10 Regardez les phrases. Choisissez deux images pour chaque phrase. Attention! vous pouvez utiliser une image plus d'une fois.

Exemple: **1 f, g**

1 Si tu veux plus d'argent de poche, tu dois faire du jardinage.

2 Si tu veux faire un pique-nique, tu dois faire les courses.

3 Si tu veux acheter un nouveau ordinateur, tu dois travailler au supermarché.

4 Si tu veux plus d'argent de poche, tu dois faire la vaisselle.

5 Si tu veux aller au match, tu dois laver la voiture.

6 Si tu veux plus d'argent de poche, tu dois passer l'aspirateur.

11 Travaillez avec un(e) partenaire. Partenaire **A** veut plus d'argent de poche. Partenaire **B** fait une suggestion. Puis, changez de rôle.

Exemple:

A Je veux plus d'argent de poche. Qu'est-ce que je dois/peux faire?

B Si tu veux plus d'argent de poche, tu dois faire du jardinage.

B Je veux plus d'argent de poche. Qu'est-ce que . . .

A Si tu veux plus d'argent de poche, . . .

1 On doit payer quand on arrive.

2 On peut prendre le petit déjeuner entre 6h30 et 8h15.

3 On doit rentrer avant 23h.

4 On ne doit pas écouter la radio dans la chambre après 23h.

5 On ne doit pas prendre une douche après 22h.

6 On ne doit pas manger dans la chambre.

7 On ne doit pas inviter ses amis dans sa chambre.

RÉCEPTION

Bonjour Monsieur, Madame. Voici nos règlements.

M. et Mme Dubois sont arrivés à Argelès sur Mer.

12 Regardez les règlements. C'est quel règlement?

Exemple: **1 b**

M. et Mme Dubois sont à la plage

13 Écoutez le dialogue. Lisez les phrases et decidez: **a** ou **b**?

Exemple: **1 b**

1 M. Dubois	**a** est très content.	**b** n'est pas content.
2 Mme Dubois	**a** aime se bronzer.	**b** déteste la plage.
3 M. Dubois	**a** aime l'hôtel.	**b** déteste l'hôtel.
4 Mme Dubois	**a** aime se coucher vers 22h.	**b** aime se coucher vers 23h.
5 À 23h, M. Dubois	**a** peut regarder la télé.	**b** peut écouter la radio.
6 Mme Dubois	**a** veut manger dans la chambre.	**b** préfère sortir.
7 Les Dubois	**a** ont beaucoup d'amis à Argelès.	**b** n'ont pas d'amis à Argelès.

appuyer (sur)   to press
l'infirmière   nurse
appeler   to call
être malade   to be ill
le pruneau   prune

Monsieur Dubois est malade

It sounds like this

The sound 'ou' in French is almost the same as English 'oo'. But to pronounce 'u' correctly in French, you need to push your lips forward. Listen to the difference between 'ou' and 'u' in these examples and practise them.

Si tu veux une ambulance, tu appuies sur le 3.

Écoutez, vous ne pouvez pas courir dans les couloirs!

Susanne mange des pruneaux sous la douche!

14 🎧   Écoutez et liez les images et les numéros.

Exemple: **a 2**

Mais je déteste ça!

Vous devez manger des pruneaux.

15 ✏️💬   Travaillez avec un(e) partenaire. Partenaire **A** est le docteur. Partenaire **B** est M. Dubois.
Composez un dialogue. Utilisez les expressions dans les cases, et votre imagination!

Docteur		M. Dubois	
Vous pouvez Vous devez	manger des pruneaux manger des bananes boire de l'eau rester au lit regarder la télé boire de whisky aller à la plage sortir	Mais je ne veux pas	manger de pruneaux manger de bananes boire d'eau boire de whisky regarder la télé rester au lit aller à la plage
Vous ne pouvez pas	manger de pruneaux manger de bananes boire d'eau boire de whisky regarder la télé rester au lit aller à la plage	Mais je veux Mais j'adore	manger des pruneaux manger des bananes boire de l'eau rester au lit regarder la télé boire du whisky aller à la plage

Le vaisseau du temps

Si on veut utiliser le vaisseau du temps, on doit lire les instructions:

➡ **avance**   ⬅ **retour**

Si on veut aller en avant, on doit appuyer sur ➡

Si on veut aller en arrière, on doit appuyer sur ⬅

Si on veut s'arrêter, on doit appuyer sur STOP

Si on veut choisir une année exacte, on doit composer le numéro. Exemple: 1786

Si on veut choisir une période exacte, on doit composer deux numéros: 1978–2004

Si on veut contacter quelqu'un, on doit taper le nom. Exemple: NAPOLÉON

Si on veut trouver une ville, on doit taper les coordonnées: Exemple: 20°E, 31°N

Si on veut avoir de l'air frais ... *ON NE PEUT PAS OUVRIR LA FENÊTRE!*

16 Identifiez les mots français.

Exemple: **1** le vaisseau du temps

1 time ship
2 fast forward
3 rewind
4 forward
5 backward
6 press (on)
7 a year
8 to type
9 fresh air

17 Corrigez les erreurs.

Exemple: **1** *Non, on doit appuyer sur* ⬅.

1 Si on veut aller en arrière, on doit appuyer sur STOP.
  Non, on ...
2 Si on veut s'arrêter, on doit taper les coordonnées. *Non, on ...*
3 Si on veut contacter quelqu'un, on doit composer le numéro de téléphone.
4 Si on veut trouver une ville, on doit taper le nom.
5 Si on veut choisir une période exacte, on doit appuyer sur ➡.
6 Si on veut avoir de l'air frais, on doit ouvrir la fenêtre.

Test

1 **Où sont les voyelles? Écrivez les *a, e, i, o, u.*** [12]
Exemple: *l n'*st p*s p*rm*s d* d*sc*ndr*.
Il n'est pas permis de descendre.

1 *n n* d**t p*s s**t*r d*ns l* p*sc*n*.
2 *n n* d**t p*s m*ng*r d*s s*ndw*chs *c*.
3 * l'*c*l* *n p**t *ppr*ndr* l'*ngl**s.
4 Q*'*st-c* q** t* d**s p*rt*r * l'*c*l*?
5 J* d**s p*rt*r *n p*nt*l*n n**r *t *n* ch*m*s* bl*nch*.
6 N**s d*v*ns p*rt*r * s*pt h**r*s *t d*m**.

2 **André, qu'est-ce qu'il doit faire?** [8]

Exemple: Il doit laver la voiture.

3 **Qu'est-ce qu'on ne doit / peut pas faire à l'hôtel L'Éléphant?** [10]
Exemple:
On ne doit pas écouter la radio après onze heures.

Total points: 30

Ça va! (3)

9

1

Travaillez avec un(e) partenaire. Décidez: C'est le soldat?
La rock-star? Le soldat **et** la rock-star? Écrivez **S**, **R** ou **S + R**.
Exemple: **1 R**

1 (Je peux me lever à midi.)

2 (Je dois préparer beaucoup
de pommes de terres.)

3 (Je dois beaucoup travailler.)

4 (Je peux prendre ma limousine.)

5 (Je dois aller au studio.)

6 (Je dois chanter aux
concerts le soir.)

7 (Je peux visiter beaucoup de pays.)

8 (Je dois marcher 20
kilomètres par jour.)

9 (Je dois porter un uniforme.)

2

Décrivez la **deuxième** image des paires. Adaptez les
verbes suivants:
marquer   manger   couler   exploser   partir   arriver
Exemple: **1** Le bateau **est parti**.

3
Écrivez des règlements. Utilisez 'on doit', 'on peut' et 'on ne doit pas'.
Exemple: On ne doit pas fumer!

gagner   (here) to earn

4
Travaillez avec un(e) partenaire.
Exemple:

A Je veux gagner 15 euros.

B Si tu veux gagner 15 euros, tu dois faire du jardinage, laver la voiture et promener le chien.

B Moi, je veux gagner . . .

5 euros	10 euros	15 euros	20 euros	30 euros

Instructions, directions

New skills and grammar in this unit
- prepositions: *à côté de, en face de*
- giving and understanding directions
- using *il faut*
- describing ailments: *j'ai mal*
- **pronunciation:** *a, an, am*

Topics
- places in town
- using a computer, Internet shopping
- going to the doctor
- a safari park

Revision
- imperatives: following instructions
- *devoir* + infinitive
- *au*, etc.; *du*, etc.
- *notre, nos; votre, vos*
- prepositions: *entre, sous*, etc.

Le centre commercial

la boucherie

la boulangerie

le magasin de mode

le club

le magasin de musique

la librairie

la pâtisserie

le café

la banque

Y

X

TIP

Remember that *à + le* becomes *au* and *à + les* becomes *aux*.
Je vais au café.
Nous allons aux toilettes.

It sounds like this

In French the letter 'a' is usually short as in English 'cat'; but in front of a single 'n' or 'm' it has a nasal sound if it is followed by a different consonant (e.g. c**a**mping, **a**mbul**a**nce) or if 'n' ends the word (e.g. pl**a**n).
Listen to the recording of the shop names from the plan and imitate what you hear. Then try the following:
Dans la boulangerie il a acheté un flan et quatre croissants pour son amie Annette. Chez Annette, on a mangé les croissants dans le salon, et on a rangé le flan dans le placard.

---

1 Regardez le plan du centre commercial. Écrivez les réponses: *On achète des livres . . .*

1 Où est-ce qu'on achète des livres?
2 Où est-ce qu'on achète du pain?
3 Où est-ce qu'on achète des gâteaux et des bonbons?
4 Où est-ce qu'on retire (*withdraw*) de l'argent?
5 Où est-ce qu'on rencontre des amis, le soir?
6 Où est-ce qu'on boit un Orangina?

GRAMMAR

*Le magasin de musique est **en face de** la boulangerie.*
The music shop is **opposite** the baker's.
*Le magasin de mode est **à côté de** la boulangerie.*
The fashion boutique is **next to** the baker's.
The expression **en face de** means *opposite* or *facing*, and **à côté de** means *next to* or *beside*.
Note: since *de* + *le* becomes *du* you will have to alter *de* if a masculine noun beginning with a consonant follows:
*La librairie est **en face du** magasin de mode et la banque est **à côté du** café.*
How would you say 'The bookshop is next to the café'?

2 Regardez le plan une autre fois.
Choisissez: **en face de . . .** ou **à côté de . . .**
Exemple: **1** La boulangerie est **à côté du** magasin de mode.
1 La boulangerie est **en face du** / **à côté du** magasin de mode.
2 La boucherie est **en face du** / **à côté du** club.
3 La banque est **en face du** / **à côté du** café.
4 Le magasin de musique est **en face de la** / **à côté de la** librairie.
5 La pâtisserie est **en face du** / **à côté du** café.
6 Le magasin de mode est **en face de la** / **à côté de la** boulangerie et **en face de la** / **à côté de la** librairie.

3 Regardez le plan à la page 55. Vous êtes au point X. Écoutez les instructions. Vrai ou faux?
Exemple: **1** Vrai

4 Travaillez avec un(e) partenaire. Regardez l'exemple.
Vous êtes au point Y sur le plan.

où se trouve . . . ? where is . . . (located)?
tout droit straight ahead
à droite on/to the right
à gauche on/to the left
sur votre droite on your right

Exemple: **A** Je veux acheter un steak.
B Continuez tout droit. La boucherie est en face du club.
B Moi, je veux acheter . . .

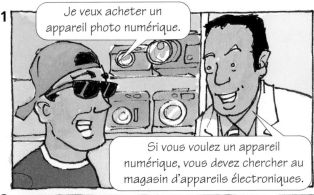

1

Je veux acheter un appareil photo numérique.

Si vous voulez un appareil numérique, vous devez chercher au magasin d'appareils électroniques.

2

Je veux choisir un appareil photo numérique.

C'est simple! Vouz devez chercher sur Internet!

3

Où est le cybercafé? Je vais acheter mon appareil sur Internet!

4

Alors, vous devez continuer tout droit et puis vous devez tourner à droite. Le cybercafé est dans la deuxième rue à gauche, sur votre droite, en face du cinéma.

---

5 Écoutez les conversations. Raoul est au point X.

1 Où se trouve le cybercafé? A, B, C ou D?
2 Identifiez le cinéma: A, B, C ou D?

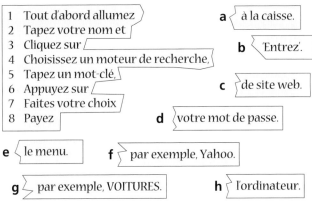

X

6 Raoul arrive au cybercafé. Il cherche les instructions. Mais il y a un problème ... ! Complétez les instructions.

1 Tout d'abord allumez
2 Tapez votre nom et
3 Cliquez sur
4 Choisissez un moteur de recherche,
5 Tapez un mot-clé,
6 Appuyez sur
7 Faites votre choix
8 Payez

a à la caisse.
b 'Entrez'.
c de site web.
d votre mot de passe.
e le menu.
f par exemple, Yahoo.
g par exemple, VOITURES.
h l'ordinateur.

GRAMMAR

To give instructions to somebody you call *vous*, you use the *vous* form of the present tense of the verb, but you drop the *vous*. This applies to irregular verbs as well.

Normal form	Instruction
Vous appuyez sur le bouton.	*Appuyez sur le bouton.*
You press the button.	Press the button.
Vous faites votre choix.	*Faites votre choix!*
You make your choice.	Make your choice!

7 Liez les verbes et les instructions.

1 entrer
2 choisir
3 composer
4 trouver
5 taper
6 payer

a composez
b trouvez
c entrez
d tapez
e payez
f choisissez

Tour à tour (*taking turns*): Inventez des instructions.
Exemples: Entrez les détails. Composez un message.

tout d'abord   first of all
allumer   (here) to switch on
un mot-clé   keyword

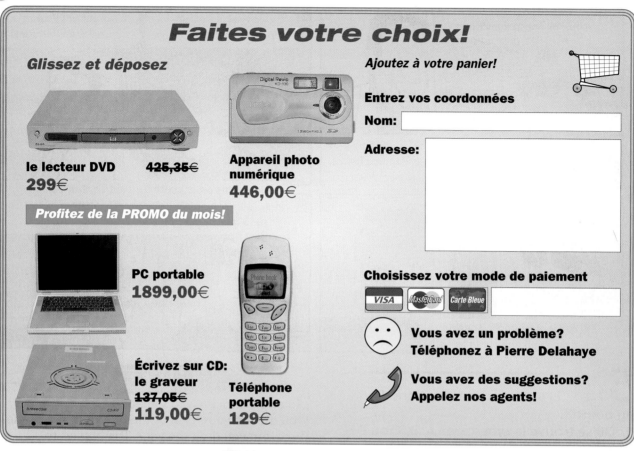

Faites votre choix!

Glissez et déposez

le lecteur DVD   ~~425,35€~~
299€

Appareil photo numérique
446,00€

Profitez de la PROMO du mois!

PC portable
1899,00€

Écrivez sur CD:
le graveur   ~~137,05€~~
119,00€

Téléphone portable
129€

Ajoutez à votre panier!

Entrez vos coordonnées

Nom:

Adresse:

Choisissez votre mode de paiement

VISA   MasterCard   Carte Bleue

:-(**Vous avez un problème?**
Téléphonez à Pierre Delahaye

Vous avez des suggestions?
Appelez nos agents!

---

8 📖   C'est quel article? Ça coûte . . .
1 cent dix-neuf euros
2 quatre cent quarante-six euros
3 cent vingt-neuf euros
4 mille huit cent quatre-vingt-dix-neuf euros
5 deux cent quatre-vingt-dix-neuf euros

9 📖✏️   Trouvez les expressions **en gras**.
Exemple: **1** vos coordonnées
1 Enter **your personal details**
2 **Drag and drop**
3 Take advantage of **this month's promotional offer**.
4 Make **your choice**
5 Do you have **any suggestions**?
6 Choose **your method of payment**

TIP

Do you remember how to say 'our' and 'your'? Here's a reminder:
our   *notre* (single item)   *nos* (several items)
your   *votre* (single item)   *vos* (several items)
*Appelez **nos** agents!*   Call our agents!
*Ajoutez à **votre** panier.*   Add to your basket.
*Entrez **vos** coordonnées.*   Enter your details.

Céline est en visite chez Raoul

1 Quel désordre! C'est terrible! Moi, je suis allergique à la poussière.

Range ta chambre, Raoul!

la poussière   dust

2 Pose les CD sur la table!

3 Mets tes livres sur l'étagère!

4 Passe l'aspirateur! Oh, zut! Trop tard . . . c'est mon allergie!

5 Mais non! Ne prends pas de photos!

TIP

Don't forget your prepositions!
dans   in
entre   between
sur   on
sous   under
à côté de   beside
en face de   opposite

GRAMMAR

If you want to give an instruction to someone that you call *tu*, use the *tu* form of the present tense of the verb, but drop the *tu*. If it is an *-er* verb, you also drop the final 's'.

Normal form	Instruction
Tu passes l'aspirateur.	Passe l'aspirateur!
Tu mets tes livres sur la table.	Mets tes livres sur la table!
Tu ne prends pas de photos.	Ne prends pas de photos!

Note: *Tu mets* comes from *mettre* (to put). *Tu prends* comes from *prendre* (to take). You will be working on these verbs in Unit 16.

It sounds like this

Remember the two ways of pronouncing 'a'? Try reading the following aloud and then listen to the recording and have another go.
'Solange!'
'Oui, maman!'
'Regarde! Ta chambre est dégueulasse! Passe l'aspirateur, et puis range les vêtements dans le placard et sur les étagères.'

10

Contre la montre! Composez des phrases.
Exemple: Mets le CD sur le lit.

Pose		dans
		sur
Range		sous
		à côté de
Mets		en face de

faire une allergie à to be allergic to
un bouton (here) a spot
un conseil advice
un médicament medicine
un comprimé pill

GRAMMAR

Qu'est-ce que tu as? What's wrong?
To say you have a pain somewhere, use *J'ai mal* in the following way:

J'ai mal
- **au** nez
- **au** pied
- **à la** main
- **à la** tête
- **à l'**oreille
- **à l'**estomac
- **aux** yeux
- **aux** dents

Remember: *à + le* becomes *au* and *à + les* becomes *aux*:
J'ai mal au genou. My knee hurts.
J'ai mal aux yeux. My eyes are sore.
Je fais une allergie aux chats. I'm allergic to cats.

GRAMMAR

You've met *tu dois* and *vous devez* ('you must'). Another way of saying this is **il faut** – 'you need to, you have to' (literally, 'it's necessary to'). *Il faut* is followed by an infinitive.
Il faut rester à la maison. You need to stay at home.
Il faut prendre des comprimés. You have to take pills.

11 Céline est chez le médecin. Écoutez la conversation. Notez l'ordre correct des dessins **a–f**.

a

b

c

d

e

f

12 Choisissez la phrase correcte.
1 Céline a le nez rouge. / Céline a mal aux yeux.
2 Céline a mal à la tête. / Céline n'a pas mal à la tête.
3 Céline doit aller à la boulangerie. / Céline doit aller à la pharmacie.
4 Céline doit manger trois repas par jour. / Céline doit prendre le médicament trois fois par jour.
5 Céline doit prendre du Zamtol une fois par jour. / Céline doit prendre du Zamtol trois fois par jour.

13 Choisissez le bon conseil pour chaque situation.

1
a Il faut écouter de la musique rock.
b Il faut prendre de l'aspirine.

2
a Il faut se laver le visage avec un médicament.
b Il faut rester à la maison.

3
a Il faut regarder la télé.
b Il faut porter des lunettes de soleil.

4
a Il faut aller à la gym.
b Il faut rester au lit.

5
a Il faut boire beaucoup d'eau.
b Il faut manger un curry.

6
a Il faut prendre un paracétamol.
b Il faut aller à l'hôpital.

14 Travaillez avec un(e) partenaire. Expliquez vos symptômes au docteur. Le docteur donne des instructions.

A J'ai mal à l'estomac.

B Il faut rester à la maison.

A J'ai mal aux dents.

B Il faut prendre un paracétamol.

Changez de rôle.

Dans le parc SAFARI

Travaillez en groupe.
Mettez les animaux dans les sections appropriées. Il faut être
logique! Parlez en français et utilisez la grille.

| Il faut mettre | les lions
les dauphins
les girafes
les singes
les crocodiles
les antilopes
les orang-outans
les hiboux
les pythons
les éléphants | dans
sur | la jungle
la section carnivores
la volière
le bassin à droite
le bassin à gauche
la section reptiles
la savane | parce qu'ils
parce qu'elles | mangent les autres animaux.
mangent des souris.
aiment nager.
aiment courir.
sont dangereux.
aiment jouer dans les arbres.
mangent de l'herbe.
volent (*fly*). |

Test

1 Regardez le plan du centre commercial. Où se trouvent les magasins? Écrivez cinq phrases. [10]
Exemple: La boucherie se trouve à côté du magasin de mode.

2 On trouve ça en ville . . . mais où sont les voyelles (a, e, i, o, u)? [12]
Exemple: l∗ c∗f∗   le café
1 l∗ cyb∗rc∗f∗
2 l∗ m∗g∗s∗n d'∗pp∗r∗∗ls ∗l∗ctr∗n∗q∗∗s
3 l∗ c∗n∗m∗
4 l∗ m∗g∗s∗n d∗ m∗s∗q∗∗
5 l∗ s∗p∗rm∗rch∗
6 l∗ r∗st∗∗r∗nt

3 Qu'est-ce qu'on dit? [8]
Exemples: 🧍 On dit: Ferme la fenêtre!
🧍🧍🧍 On dit: Mangez de la salade!
1 Luc ne veut pas jouer au football avec Nicole.
2 Paul ne veut pas parler anglais en classe.
3 Sylvie et Jean ne veulent pas laver la voiture.
4 Pauline et Thierry ne veulent pas envoyer la lettre.
5 Fatima ne veut pas aller à l'école.
6 Dany et Paulette ne veulent pas écouter le prof.
7 Patrick ne veut pas faire les exercices de maths.
8 Robert ne veut pas ranger sa chambre.

4 Qu'est-ce que c'est en français? [10]
1 to type
2 a search engine
3 a password
4 to press
5 a website
6 a laptop
7 a mobile phone
8 a digital camera
9 to click on
10 to switch on

Total points: 40

Choses à vendre, choses à faire

New skills and grammar in this unit
- regular verbs ending in -re, e.g. *vendre*
- perfect tense of regular -re verbs
- **pronunciation:** *les, des; eu*

Topics
- using the phone and leaving messages
- being a good friend
- travelling by bus
- following a recipe

Revision
- *pouvoir, vouloir, devoir*
- descriptions of people
- adjective agreement
- food
- *vous*-form imperatives

À vendre

a
Je vends une chemise Gucci en coton violet 20€.
Christine.
Téléphone: 04-58-47-85-62

b
Je vends un skate-board 49€.
Philippe.
Téléphone: 04-76-94-76-31

c
Je vends un baladeur Sony 25€.
Frédéric.
Téléphone: 04-78-37-99-47

d
Je vends une calculette PRIVILEG 10€.
Marie.
Téléphone: 04-46-23-55-28

1 Regardez Céline, Raoul, Anne et Khaled et les petites annonces.
1 Qui va téléphoner à Christine? C'est . . .
2 Qui va téléphoner à Philippe?
3 Qui va téléphoner à Frédéric?
4 Qui va téléphoner à Marie?

GRAMMAR

The verb **vendre** means **to sell**. (A 'vending machine' in English is a machine that *sells* you something.) This type of verb is regular, but is different from -er verbs. Here is the whole verb in the present tense:
*je vend**s***
*tu vend**s***
il / elle / on vend
*nous vend**ons***
*vous vend**ez***
*ils / elles vend**ent***

So the endings are:
je	's'
tu	's'
il / elle / on	–
nous	'ons'
vous	'ez'
ils / elles	'ent'

Similar verbs are:
entendre   to hear
attendre   to wait
répondre   to answer, to reply
dépendre   to depend
descendre   to go down(stairs), to get off/out of (a vehicle)
perdre   to lose

Note: *j'ai vendu*   I've sold, I sold
      j'ai perdu   I've lost, I lost

2 🎧 Écoutez. Qui a du succès?
Est-ce que c'est . . .
1 Céline? 2 Raoul? 3 Anne? ou 4 Khaled?

3 📖 Choisissez: **a** ou **b**?

1 Tu _____ une chemise Gucci?	**a** vend · **b** vends
2 Ça _____.	**a** dépendez · **b** dépend
3 Écoute! Tu _____ le téléphone?	**a** entend · **b** entends
4 Céline compose le numéro 04-58-47-85-62 et Christine _____.	**a** répondez · **b** répond
5 Ils _____ beaucoup de choses.	**a** vendons · **b** vendent
6 Nous _____ une réponse à notre e-mail.	**a** attendez · **b** attendons

---

> ## GRAMMAR
>
> The past participle of *vendre* is *vendu*, so the perfect tense goes:
> *j'ai vendu*
> *tu as vendu*
> etc.
> *J'ai **vendu** le baladeur hier.*
>   I sold the personal stereo yesterday.
>
> The other -*re* verbs work in the same way:
> *J'ai **attendu** mais il n'a pas **répondu**.*   I waited but he didn't answer.

un coup de téléphone   a phone call
sonner   to ring (phone or bell)
l'escalier (m)   staircase

4 📖 ✏️ Choisissez le verbe correct. Écrivez la forme correcte pour compléter la phrase.
Exemple: **1** attend

vend_____	attend_____	entend_____	répond_____	descend_____

1 René . . . . un coup de téléphone.
2 Le téléphone sonne. René . . . .
3 Quelqu'un dit 'Allô, tu . . . . .s une chemise Gucci?
4 Mais René a perdu la communication: 'Allô? Allô? Allô? Je n'. . . . . .s pas!'
5 Les amis de René . . . . ent l'escalier.
6 René dit à ses amis: '. . . . . ez! Je suis au téléphone!'

5 Quelle est la fille? Choisissez!

 a
 b
 c
 d

TIP

Remember that you must include *les* when describing eyes or hair:
les yeux noirs, les cheveux blonds

6 Travaillez avec un(e) partenaire. Décrivez le copain / la copine parfait(e)!

Il / Elle	est	petit/petite grand/grande sportif/sportive élégant/élégante	
et il / elle	a	les cheveux bruns/blonds/noirs/roux les yeux bleus/marron/gris/verts	
Il / Elle	aime	le sport le cinéma le club la musique pop la mode	
Il / Elle	porte	des robes des pantalons des jeans des T-shirts des chemises des pulls des lunettes	bleus/bleues verts/vertes rouges roses jaunes

It sounds like this

Remember not to pronounce the 's' at the end of *les* and *des*. The only exception is when the next word begins with a vowel or 'y'. Listen to this and practise it:
Il a les cheveux noirs et les yeux marron; elle a les cheveux roux et les yeux verts.

Ludo téléphone à Lila

7 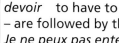 Écoutez la conversation. Lisez les phrases 1–7
et corrigez les erreurs **en gras**.
Exemple: **1** Ludo téléphone à **Lila**.
1 Ludo téléphone à **Anne**.
2 Elle a un problème avec le téléphone: elle **ne répond** pas.
3 Elle doit descendre dans le **garage**.
4 Ludo demande une **calculette** guadeloupéenne.
5 Elle va envoyer **une lettre**.
6 Elle va envoyer aussi des **ingrédients**.
7 Ludo va **écrire** l'e-mail.

It sounds like this

Notice how *peux* and *veux*
rhyme, as do *peut* and *veut*.
The letters 'eu' usually sound
like this. Try this:
*Tu veux manger un peu de
    fromage bleu? – Je ne peux
    pas. C'est dégueulasse!*
Do you want to eat a bit of
    blue cheese? – I can't. It's
    disgusting!

TIP

Remember:
pouvoir   to be able to
vouloir   to want to
devoir   to have to
– are followed by the infinitive of the other verb in the sentence:
Je ne peux pas entendre, je dois descendre dans le jardin.

Je	peux	veux	dois	trouver . . .
Tu	peux	veux	dois	attendre . . .
Il / Elle / On	peut	veut	doit	entendre . . .
Nous	pouvons	voulons	devons	envoyer . . .
Vous	pouvez	voulez	devez	téléphoner . . .
Ils / Elles	peuvent	veulent	doivent	écouter . . .

8 Décidez: **doit** ou **peut**?
Exemple: **1** peut
1 Lila ne . . . . pas entendre Ludo.
2 Ludo . . . . répéter, parce que Lila ne
    . . . . pas entendre.
3 Ludo . . . . attendre un peu, parce que
    Lila . . . . descendre dans le jardin.
4 Ludo . . . . cuisiner un plat
    guadeloupéen.
5 Lila dit qu'elle . . . . envoyer une
    recette.

le trajet   journey (short)
descendre   (here) to get off
amener   to take (with you)
De rien   You're welcome, No problem

9  Travaillez avec un(e)
partenaire.
On prend le bus. Complétez le dialogue.
Utilisez *vouloir, pouvoir* ou *devoir*.
A: Excusez-moi. Je v. . . . . aller à la piscine
    de Pinville.
B: Bon, vous d. . . . . prendre le bus
    numéro 17.
A: Est-ce que je p. . . . . prendre le 23?
B: Oui, si vous v. . . . . , mais le trajet est
    plus long.
A: Où est-ce que je d. . . . . descendre?
B: Vous p. . . . . descendre à l'hôtel de ville
    ou au cinéma. La piscine est entre les deux.
A: Si je veux amener mon chien dans le bus,
    est-ce que je d. . . . . payer un supplément?
B: Non, c'est le même prix.
A: Merci bien.
B: De rien.

10
Quiz – Bon copain, bonne copine?
Décidez: **a**, **b** ou **c**?

① **Tu attends ton copain / ta copine devant le cinéma.**
Il / Elle est en retard. Tu attends . . .

a 5 minutes

b 10 minutes

c une heure

② **Tu as laissé cinq messages pour ton copain / ta copine. Il / Elle ne répond pas.**

a Tu laisses un sixième message: 'Ça va? Est-ce que tu es malade?'

b Tu laisses un message très bref: 'Réponds-moi!!'

c Tu décides que tu ne veux pas parler à ton copain / ta copine.

③ **Ton copain / Ta copine veut de l'argent. Tu réponds:**

a 'D'accord. Tu veux combien?'

b 'Non! Tu dois attendre ton argent de poche.'

c 'Ça dépend.'

④ **Ton copain / Ta copine vend ses disques parce qu'il / elle veut de l'argent. Tu dis:**

a 'Ne vends pas tes disques. Je te donne de l'argent.'

b 'Moi, je veux acheter tes disques, mais ils sont trop chers.'

c 'Je ne veux pas acheter tes disques, ils sont nuls!'

⑤ **Tu joues au tennis avec ton copain / ta copine. Il / Elle gagne le match.**

a Tu ne parles pas à ton copain / ta copine.

b Tu dis: 'Demain, c'est moi qui vais gagner!'

c Tu dis: 'Félicitations!' et tu lui proposes d'aller au café.

laisser to leave
malade ill
bref short
argent (m) *de poche* (f)
  pocket money
félicitations congratulations

11
C'est une réponse positive (+) ou négative (−)?
Faites deux listes:

+	−

D'accord.
C'est pas possible!
Mais non!
Tu es gentil(le).
Désolé(e), tu dois attendre.

Non!
Très bien.
Bon, pas de problème.
Super!
Idiot(e)!

12
Travaillez avec un(e) partenaire.
Voici deux situations. Est-ce que vous pouvez composer des solutions possibles? Vous pouvez utiliser les expressions de l'exercice 11.

1 Tu vas au cinéma avec ton copain / ta copine. Il / Elle veut changer de date. Tu réponds:

a . . . .

b . . . .

c . . . .

2 C'est l'anniversaire de ton copain / ta copine, mais tu as oublié d'acheter un cadeau. Tu dis:

a . . . .

b . . . .

c . . . .

GRAMMAR

The verb *descendre* means both *to go/come down* and *to get off*. Here it means *to get off*.

Note that there is no need to use *à* with a place name such as *Rue*, *Avenue* or *Place* when talking about where you get on or off a bus: *On descend Place Sillon*.

13

C'est qui? Notez **K** (Khaled), **C** (Céline) ou **A** (Anne).

1 Il / Elle veut descendre Avenue Cholière.
2 Il / Elle veut descendre Petit Chantilly.
3 Il / Elle veut descendre Place Sillon.

14

Écoutez et notez. Où est-ce qu'ils descendent?

Ligne: 40–41					
Rue Saint Nicolas	13h00	13h25	14h25	15h29	16h11
Place Beauséjour	13h04	13h29	14h29	15h34	16h16
Petit Chantilly	13h17	13h42	14h42	15h48	16h30
Avenue Cholière	13h27	13h52	14h52	15h59	16h41
Place Sillon	13h38	14h03	15h03	16h11	16h53

Exemple: **1** Il descend Place Sillon.
2 Elle descend . . . .
3 Il . . . .
4 Elle . . . .
5 Il . . . .

15

Travaillez avec un(e) partenaire. Regardez l'horaire.
Exemple:

A Je prends le bus à 14h25. J'arrive à 14h42. Où est-ce que je descends?

B Tu descends Petit Chantilly.

A C'est exact.

Un e-mail de Lila

Lila a envoyé un e-mail avec la recette.

Une recette

Salut Ludo, voici une recette. Elle est assez facile mais délicieuse ☺!

Salade avocat à la créole
(4 personnes)

2 avocats
30 grammes de riz
1 boîte de crabes
4 cuillerées à soupe de mayonnaise
1 cuillerée à café de moutarde
1 cuillerée à soupe de ketchup
1 cuillerée à soupe de jus de citron
1 cuillerée à soupe de fines herbes hachées
sel, poivre

1 Faites cuire le riz dans deux litres d'eau bouillante salée jusqu'à absorption du liquide.
2 Mettez le riz au frigo.
3 Mélangez la mayonnaise, la moutarde, le sel, le poivre et le jus de citron.
4 Ajoutez le ketchup.
5 Coupez les avocats en deux, ôtez la chair, coupez-la en dés.
6 Dans un saladier rassemblez la chair d'avocat, la chair de crabes, la mayonnaise, le riz complètement refroidi.
7 Garnissez chaque moitié vide d'avocat avec la préparation, parsemez avec les herbes hachées et laissez au frigo jusqu'au moment de servir.

16

Trouvez les ingrédients corrects.

17

Voici la recette en anglais. Consultez la recette en français et mettez les instructions anglaises en ordre.
a Put the rice into the fridge.
b Mix the mayonnaise, the mustard, the salt, pepper and lemon juice.
c Put the avocado and crabmeat together with the mayonnaise and the completely cooled rice into a salad bowl.
d Add the ketchup.
e Cook the rice in two litres of boiling salted water until all the liquid has been absorbed.
f Fill the avocado shells with the salad, sprinkle with finely chopped herbs and leave in the fridge until it is time to serve the salad.
g Cut the avocados in half, take out the flesh and cut it into cubes.

18

Dans le texte, trouvez les expressions:
1 4 soupspoons of
2 1 teaspoon of
3 cook
4 boiling water
5 mix (together)
6 take out the flesh
7 a salad bowl

Test

1 Écoutez le passage. Choisissez le verbe correct. [7]

Exemple: vend   vendent   *vendent*

1 attends   attendent
2 attendons   attendez
3 attendre   attendent
4 peu   peux
5 veux   veut
6 devons   doivent
7 voulez   vouloir

2 Vous pouvez manger ça! Qu'est-ce que c'est? [8]

Exemple: MOPEM = pomme

1 du ZIR
2 de la DREAMOUT
3 un NITROC
4 de l'UEA
5 du LES
6 du VEROPI
7 de la MEIYOANNAS
8 un CATAVO

3 Copiez les phrases, et remplissez les blancs si nécessaire. [5]

Exemple: Nous vend**ons** notre maison.

1 Je vend_____ mon vélo.
2 Alice, tu n'entend_____ pas le prof?
3 Où est-ce qu'on descend_____?
4 Vous répond_____ à l'invitation?
5 Kevin et Marc descend_____ au marché.

4 Écrivez les phrases de l'exercice 3 au passé composé (*perfect tense*). [10]

Exemple: Nous **avons vendu** notre maison.

Total points: 30

Quiz – Bon copain, bonne copine? Les scores.

Explications? Demandez à votre professeur.

	a points:	b points:	c points:
1	0	1	2
2	2	1	0
3	2	0	1
4	2	1	0
5	0	1	2

12 Ça va! (4)

1

Travaillez avec un(e) partenaire. Discutez des problèmes
et des solutions possibles.

Exemple:

A (Si vous avez mal à la tête, il
faut regarder la télévision.)

B (Non, c'est idiot! Il
faut faire du jardinage.)

A (C'est une bonne idée!)

etc.

Problèmes:

Suggestions:

faire du jardinage

faire de la natation

regarder la télé

écouter de la musique

jouer au tennis

jouer au football

laver la voiture

dormir

chanter

manger une glace

manger un curry

prendre du paracétamol

aller chez le dentiste

2

Écrivez les recommandations d'un médecin.

Exemple:

*Si vous avez mal à la tête, il ne faut pas regarder la télévision. Il faut
dormir ou faire du jardinage.*

3

Solve the code.

On achète = □■ ⚻ℳ〰➜◆ℳ
On vend   = □■ ❖ℳ■♌

Moi, je vends ◆■ ❖⬆●□

Moi, je veux vendre ◆■ □□♌✠■⚻◆ℳ◆□

Moi, je vais vendre ◆■ ♌⚻●♌ℳ◆□

Moi, je vends ◆■ℳ □□♌ℳ ℳ◆ ◆■ ◆⚻♍ Gucci

4

09:00

11€ 8€ 4€ 1€ 9€ 2€
50€ 10€ 1€
DVD 3€
5€ 40€ 6€ 12€
7€ 3€

a

17:00

3€

6€

b

un nounours   a teddy bear

Travaillez avec un(e) partenaire.
1 Contre la montre. Vous avez une minute! Identifiez les articles à vendre.
2 Qu'est-ce que Céline a vendu? Faites une liste.
Exemple:

A Céline a vendu la calculatrice.

B Elle a vendu le livre aussi.

etc.
3 Combien d'argent est-ce que Céline a gagné? Faites le calcul.

Unité 13

Sorties

New skills and grammar in this unit	Revision
• verbs ending in -ir, e.g. *sortir* • perfect tense of -ir verbs • *toujours* • **pronunciation:** *u* **Topics** • going out • home security • a flea market • Paris	• past participle agreements in the perfect tense • *souvent, assez, très* • times of day and days of the week • *il faut*

Qu'est-ce qu'on fait le soir?

> ### GRAMMAR
>
> ***sortir*** **to go out**
> The present tense is:
> *je sors*
> *tu sors*
> *il / elle / on sort*
> *nous sortons*
> *vous sortez*
> *ils / elles sortent*

1 Écoutez les quatre interviews et choisissez **a** ou **b**.

Exemple: **1 a**

1 Le garçon sort . . .
   a . . . avec ses amis.
   b . . . avec ses parents.

2 Le garçon sort . . .
   a . . . 5 fois par semaine.
   b . . . 3 fois par semaine.

3 La femme et son mari sortent souvent . . .
   a . . . le week-end.
   b . . . le mardi soir.

4 Le monsieur préfère . . .
   a . . . rester à la maison.
   b . . . aller au cinéma.

5 La jeune fille sort . . .
   a . . . le samedi.
   b . . . très souvent.

2 Regardez l'agenda de Céline. Trouvez les quatre erreurs **en gras** dans les phrases suivantes. Écrivez la version correcte.
1 Lundi, Céline sort **le matin**.
2 Jeudi, elle sort **le soir**.
3 **Samedi soir**, Céline sort avec **Anne et Khaled**.

lundi 21h30, cinéma	**samedi** retrouver Anne et Ludo au bar Délices, midi
mardi	
mercredi	
jeudi 10h00 rdv au café avec Anne	**dimanche**
vendredi	

Une interview avec Ali N

3 📖   Choisissez la traduction (*translation*) correcte. Avant de décider, regardez l'interview.

1 sortir	**a** *to go out*	**b** *to sort out*
2 plusieurs	**a** *several*	**b** *not a single one*
3 partir	**a** *to leave / to part*	**b** *to pretend*
4 rencontrer	**a** *to meet*	**b** *to reinvent*

4 💬   Travaillez avec un(e) partenaire. Faites des interviews.

A: Est-ce que tu sors souvent?
B: Je sors . . . . fois par semaine / par mois / par week-end.
A: Qu'est-ce que tu fais?
B: Je sors seul(e). J'aime aller à la / au . . . . / Je sors avec des amis. Nous aimons . . . .
B: Et toi? Est-ce que tu sors souvent?
A: Je . . . .

5 ✏️   Écrivez une petite lettre à Ali N. Copiez la lettre dans votre cahier et complétez les phrases.

> *La Terre, le . . . . 20 . . . . . . :*
>
> *Salut Ali N,*
> *Je m'appelle . . . . et j'habite . . . . Je sors*
> *. . . . . par . . . . J'aime sortir avec . . . .*
> *Normalement nous . . . . De temps en temps nous . . . .*
> *Amitiés.*
>
> *. . . . .*

Alain et Bernard visitent le marché aux puces

Alain et Bernard sont des frères, et ils habitent à Lille. Ils vont visiter un marché aux puces. Le marché est ouvert samedi, dimanche et lundi, de 9h00 à 19h00.

> Allons-y! Au marché aux puces! Tu es prêt?

> Oui, j'ai dû fermer les fenêtres.

> Tu n'as pas oublié tes clefs?

> Non, je prends toujours mes clefs avant de sortir!

> Alain, tu as éteint la télévision?

> Bien sûr! J'éteins toujours la télévision avant de sortir!

> Il y a un bus à 10h20. Il arrive Place du Concert à 11h10.

> Très bien! Mais . . . tu n'as pas oublié ton argent?

éteindre   to switch off (TV, engine)
un marché aux puces   a flea market
les choses d'occasion   second-hand things

GRAMMAR

j'ai dû fermer les fenêtres
   I had to close the windows.
dû is the past participle of *devoir*:
j'ai dû   I had to

Here are two other verbs with irregular past participles:
*pouvoir j'ai **pu***   I was able to
*vouloir j'ai **voulu*** I wanted to

It sounds like this

'u'
To pronounce 'u' in French you should push your lips forward. Listen to the following and then try the tongue-twister:

puces sur bus tu pu dû voulu
Sur le bus tu as vu des puces?

6 📖 🎧   Lisez et écoutez le texte. Trouvez les phrases suivantes.
Exemple: 1 Tu n'as pas oublié tes clefs?
1 Haven't you forgotten your keys?
2 Of course!
3 always
4 before going out
5 Have you switched off the TV?
6 They're going to visit . . .

7 📖   Trouvez la réponse logique pour chaque question.
1 Tu as fermé la porte?
2 Vous voulez visiter le marché aux puces?
3 Tu as mangé avant de sortir?
4 Vous sortez toujours le week-end?
5 Tu as pu visiter Lille?

a Non, je préfère sortir le lundi.
b Non, j'ai voulu rester chez moi.
c Non, mais j'ai fermé les fenêtres.
d Oui, j'ai pris un sandwich.
e Oh non merci, nous n'achetons pas les choses d'occasion.

Dans un marché aux puces on peut découvrir beaucoup de choses intéressantes. Par exemple, des objets de collection, des antiquités, des vêtements neufs ou d'occasion.

découvrir   to discover

8

Regardez l'image. Décidez: quelles sont les choses à vendre?

Exemple: **1 ✓ 2 ✗**

1 un T-shirt
2 un jean
3 des cartes postales
4 un ordinateur
5 une trompette
6 une voiture

7 un chapeau
8 des disques
9 des tasses
10 un téléphone
11 un frigo
12 un vélo

13 des chaussures
14 des cassettes
15 des assiettes
16 un tableau
17 une lampe
18 un chat

19 un short
20 des vidéos
21 une cafetière
22 une clarinette
23 une radio
24 un pull

9

Travaillez à quatre. Qu'est-ce qu'on peut découvrir dans un marché aux puces?

Exemple:

A On peut découvrir des T-shirts.

B On peut découvrir des T-shirts et des baskets.

C On peut découvrir des T-shirts, des baskets et . . .

D On peut découvrir . . . et . . . et . . .

10

Travaillez avec un(e) partenaire. Contre la montre!

Exemple:

A Ça coûte (*it costs*) trois euros.

B L'assiette. Ça coûte . . . euros.

A . . .

11 🎧 Écoutez et décidez: assez important, important, ou très important? Écrivez **AI**, **I** ou **TI**.
Exemple: **a I**

Avant de sortir, il faut toujours fermer les fenêtres. C'est très important!

12 📖 Regardez l'agenda de Céline de la semaine dernière (*last week*). Pour chaque phrase **1–6**, décidez: vrai ou faux?

lundi	soirée libre
mardi	19h00 McDo, Khaled et Anne
mercredi	shopping avec Anne!
jeudi	devoirs, TV dans ma chambre
vendredi	classe d'aérobic
samedi	matin shopping, déjeuner chez moi, 21.00 cinéma
dimanche	chez moi, au lit le matin l'après-midi, il faut ranger l'armoire!

GRAMMAR

To use *-ir* verbs in the perfect tense, you need to know the past participles:
sortir   *je suis **sorti***   (I have gone out, I went out)
partir   *je suis **parti***   (I have left, I left)

Remember to use *être* with *sortir* and *partir*: *je suis sorti(e)*, *tu es sorti(e)*.
Like all verbs that use *être*, these verbs agree with their subject in the perfect tense:
Céline est sortie? – Oui, elle est sortie.

1 Céline est sortie six fois dans la semaine.
2 Elle est sortie avec Khaled et Anne pour manger.
3 Jeudi elle n'est pas sortie.
4 Elle a fait ses exercices samedi matin.
5 Elle est sortie deux fois samedi.
6 Dimanche elle n'est pas sortie.

13 ✏️ Complétez l'e-mail d'Ali N.

salut!

Salut, Lin A! Je suis **(a)** _____ avec Ani L. Nous sommes **(b)** _____ à 10h00. Nous avons **(c)** _____ une planète très intéressante et nous avons **(d)** _____ des habitants!!
Nous allons retourner vers 17h00.

Ali N

rencontré   sorti   partis exploré

Voici Magali. Elle travaille dans un restaurant le week-end.

Le week-end de Magali

14 Écoutez et choisissez les heures correctes.

Exemple: **1 a**

1	Le samedi Magali se lève à . . .	**a** 9h30	**b** 9h00	**c** 10h30
2	Elle prend son petit déjeuner à . . .	**a** 10h30	**b** 10h00	**c** 11h00
3	Elle prend le bus à . . .	**a** 10h20	**b** 10h40	**c** 10h30
4	Les films commencent vers . . .	**a** 13h00	**b** 13h20	**c** 13h30
5	Magali rentre à la maison à . . .	**a** 16h00	**b** 16h30	**c** 16h45
6	Le restaurant où elle travaille ouvre à . . .	**a** 17h00	**b** 17h30	**c** 18h00
7	Magali peut partir vers . . .	**a** 23h00	**b** 22h00	**c** 22h30

Le dimanche de Magali

15 C'est dimanche. Complétez les phrases.

1 À 9h30 Magali se l_ _ _ .
2 À 10h00 elle _ _ _ _ _ son petit _ _ _ _ _ _ _ _ .
3 Elle s_ _ _ vers 10h40.
4 À 10h50 elle p_ _ _ _ le _ _ _ .
5 À 20h00 elle a fini son travail. Elle _ _ _ _ _ _ _ _ _ _ .

16 Écrivez des phrases. Décrivez un lundi normal.

À _ _ h _ _ je me l_ _ _ .

Je s_ _ _ vers _ _ h _ _ et j'arrive à l'école vers _ _ h _ _ .

Les leçons terminent à _ _ h _ _ .

Je p_ _ _ et j'arrive à la maison vers _ _ h _ _ .

TIP

je sers → *servir* → to serve
Past participle: *servi*
Le soir, elle a servi à table.
Can you guess which infinitive belongs to the past participle *dormi*?

vers   at about

Découvrez Paris

Paris est une très belle ville. Beaucoup de touristes visitent la capitale de la France. Avec ses monuments et ses parcs, ses musées et ses expositions, ses restaurants et ses magasins, ses stades et ses centres sportifs — tout le monde trouve beaucoup de choses à faire! Découvrir Paris, c'est très facile! Il y a des trains, le métro et les bus. Le soir, un tour en bateau sur la Seine, c'est toujours très romantique. La nuit, les monuments sont illuminés!

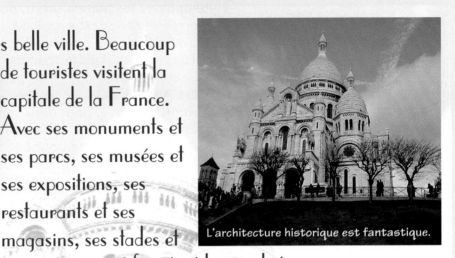

L'architecture historique est fantastique.

On peut boire et bien manger dans les restaurants, les bistros et les cafés.

Dans les grands magasins on peut faire du shopping.

17 Trouvez les phrases dans le texte.

Exemple: **1** la capitale de la France
1 the capital of France
2 everyone finds lots to do
3 Discovering Paris
4 very easy
5 a boat tour
6 always
7 illuminated

18 Corrigez les erreurs.

Exemple: **1** Non, Paris est la capitale de **la France**.
1 Paris est la capitale **de l'Italie**.
2 À Paris il y a **peu** de choses à faire. Non, . . .
3 Découvrir Paris, c'est **assez difficile**. Non, . . .
4 Un tour en bateau, c'est toujours **assez cher**. Non, . . .
5 Dans les grands magasins on peut faire **du sport**. Non, . . .

Test

1 Remplissez les blancs: servir, dormir, partir, sortir? [8]

Exemple: Marie **sort** avec Paul.

1 L'avion . . . . à onze heures.
2 Tu . . . . dans la chambre de mon frère.
3 Le soir, nous . . . . au parc d'attractions.
4 Les Anglais . . . . le thé avec du lait.
5 Henri . . . . pour deux semaines dans les Alpes.
6 Est-ce que tu . . . . aujourd'hui, Laura?
7 Alice . . . . une bonne tarte aux pommes.
8 Michel et Pierre . . . . à deux heures.

2 Écrivez les phrases de l'exercice 1 au passé composé. [16]

Exemple: Marie **est sortie** avec Paul.

3 Qu'est-ce que c'est? Écrivez le mot en français. [11]

Exemple: un tableau

Total points: 35

Unité 14

Problèmes, solutions

New skills and grammar in this unit
- using verbs in the perfect tense with *être*: the 14 common verbs
- *il y a* meaning 'ago'
- making excuses
- **pronunciation:** *au; é, è*

Topics
- fairy tales
- Scott of the Antarctic

Revision
- adjective agreement
- perfect tense with *avoir*

L'expédition désastreuse d'Ali N

Alors, Ali N, tu as un problème?

Mais oui! Je suis sorti aujourd'hui et j'ai exploré un peu la galaxie. Puis je suis venu sur la Terre, et je suis tombé en panne!

C'est très problématique. Ta mère et ta sœur, elles sont sorties aussi. Elles ont pris l'autre fusée. Elles sont parties pour Mars.

Je vais téléphoner à ma mère. Elle va venir ici à mon secours!

Bonne idée! Elle est partie il y a six heures.

Maman, tu peux venir sur Terre? Ma fusée est tombée en panne!

Mais oui, bien sûr! Nous sommes parties de Mars il y a deux heures, et nous allons arriver sur la Terre dans dix heures!

It sounds like this

The sound 'au' in French is halfway between 'oo' and 'oh' in English. Try saying 'oh' but with your lips pushed forward. Listen to the following examples and imitate what you hear.

Maurice et Laurent sont sortis à gauche; Laure et Pauline sont parties aussi, par l'autre porte.

1 📖 🎧 Trouvez l'expression française dans le texte.

Exemple: **1** je suis sorti

1 I went out
2 I explored
3 I came to Earth
4 I've broken down
5 they have gone out
6 they took the other rocket
7 they set off for Mars
8 we left Mars
9 we'll arrive

je suis venu   I came
le secours   help, rescue
il y a . . .   . . . ago
il y a six heures   six hours ago

GRAMMAR

In French most verbs need the verb *avoir* ('to have') to produce the perfect tense, e.g. *j'ai exploré*, I have explored, I explored.
A few verbs need the verb *être* ('to be') to produce the perfect tense, e.g. *je suis sorti(e)*, I have gone out. If you learn the short list of verbs that use *être*, it will be easy for you to get the perfect tense right:

arriver	*je suis arrivé(e)*	I have arrived, I arrived
venir	*je suis venu(e)*	I have come, I came
partir	*je suis parti(e)*	I have left, I left
sortir	*je suis sorti(e)*	I have gone out, I went out
naître	*je suis né(e)*	I was born
mourir	*je suis mort(e)*	I have died, I died
monter	*je suis monté(e)*	I have gone up, I went up
descendre	*je suis descendu(e)*	I have gone down, I went down
aller	*je suis allé(e)*	I have gone, I went
rester	*je suis resté(e)*	I have stayed, I stayed
entrer	*je suis entré(e)*	I have entered, I entered
rentrer	*je suis rentré(e)*	I have gone back in/home, I went back in/home
retourner	*je suis retourné(e)*	I have returned, I returned
tomber	*je suis tombé(e)*	I have fallen, I fell

2

Lisez encore une fois *L'expédition désastreuse d'Ali N*. Faites une liste des huit constructions de verbe avec 'être'.
Exemple: Je suis sorti

3

Qui parle? Qu'est-ce qu'on dit? Pour chaque bulle (*speech bubble*), trouvez l'image (**a–d**) et l'heure (**v–z**) correctes.
Exemple: **1 b + y**

1 Je suis tombé en panne à 11h20.

2 Je suis partie à 13h15.

3 Nous sommes sorties à 15h30.

4 Nous sommes arrivés à 22h10.

Raoul dépanne Ali N

je suis désolé   I am sorry
je suis en retard   I am late
   à l'heure   on time

4
Écoutez et choisissez l'image correcte.
Exemple: **1** b

5
Lisez les excuses et choisissez une image.
Exemple: **1 c**

1 Mon vélo est tombé en panne.

2 Le bus est arrivé en retard.

3 Le train n'est pas arrivé.

4 J'ai oublié mon pique-nique.

5 Le chien a mangé mes devoirs.

6 J'ai fait les courses pour maman.

7 Mon réveil n'a pas sonné.

8 Mon hamster est mort.

7
Inventez d'autres excuses.
Exemple: Mon chat a mangé mon petit déjeuner!

6
Travaillez avec un(e) partenaire. Combien d'excuses en une minute? Contre la montre!
Exemple:

A (Pourquoi es-tu en retard?)

B (Le train n'est pas arrivé.)

B (Pourquoi es-tu en retard?)

A (Mon hamster est mort.)

Les désastres au royaume des fées

8 Lisez, et liez les paires.
Exemple: **1 h**

1 la sorcière
2 le roi
3 tomber
4 accuser
5 un meurtre
6 le four
7 arrêter
8 le mur
9 l'ouest
10 la maison

a house (Tip: my house is a **mansion**)
b wall (Tip: you might find a **mur**al here)
c a murder
d to fall (Tip: **tumb**le)
e the west
f to stop, arrest
g to accuse
h witch, sorceress
i king (Tip: A king is a **roy**al personage)
j oven (Tip: **fur**nace)

9  Écoutez. Pour chaque information, donnez la lettre correcte.
Exemple: **1 f**

Pomme empoisonnée

Enfants en danger

Météorite ou magie?

Coiffure étonnante: la clef du château

Œuf cassé – armée confuse

Mystère de la fille en pantoufles de verre

10 Décidez: **est** ou **sont**?
Exemple: **1 est**

1 La police a arrêté un jeune prince qui **sont / est** entré dans le château de Rapunzel.
2 Il **est / sont** monté par les cheveux de la princesse.
3 Le Prince Charmant cherche une jeune fille mystérieuse qui **est / sont** venue au bal royal.
4 Elle **est / sont** partie à minuit.
5 Au Pays d'Oz, la maison de Dorothée **sont / est** tombée sur la Sorcière de l'Ouest. Seules les chaussures rouges de la sorcière **sont / est** restées intactes.
6 Hier soir, Humpty Dumpty, favori du roi, **est / sont** tombé de son mur.
7 Hansel et Gretel **sont / est** accusés d'un meurtre. Une sorcière terrifiante est entrée dans son four et ils ont fermé la porte!

11
Regardez les noms. Choisissez un adjectif. Changez la forme de l'adjectif si nécessaire.
Exemple: une pomme + empoisonné = une pomme empoisonné**e**

Noms	Adjectifs
une pomme	rouge
une armée	royal
un prince	empoisonné
une fille	mystérieux
un bal	terrifiant
des chaussures	étonnant
une coiffure	confus
des sorcières	charmant

It sounds like this

Remember the important difference in pronunciation between é and è.
Practise the following tongue-twisters.
La sorcière mystérieuse a préparé une crème brûlée vénéneuse.
Phénomène étonnant!
Une météorite est tombée sur le père de Frédéric et Hélène!

12 🎧 Écoutez et indiquez les situations sur le poster!
Exemple: **1 g**

13 💬✏️ Travaillez avec un(e) partenaire. Utilisez les mots dans la grille, et regardez le poster.
Exemple:
A dit / écrit une phrase: *Le chien a nagé dans la mer.*
B dit 'vrai' ou 'faux'.

Une famille		cassé			la plage
Un homme		nagé			la voiture
Une femme		tombé			la tente
Une fille		marché			une bouteille cassée
Un garçon	est	volé	(e)	sur	un porte-monnaie
La falaise	sont	monté	(s)	dans	les saucisses
La police	a	parti	(es)	entre	la mer
Le médecin	ont	sorti		à	le barbecue
L'hélicoptère		arrivé		de	le pique-nique
Les pompiers		vomi			
Le chien		mangé			
Le crabe		mort			

14 ✏️ Écrivez des phrases.
Exemple: Les pompiers sont arrivés.

15 ✏️ Faites un projet! Coupez et collez des images pour faire un poster. Puis, écrivez des phrases.

L'expédition d'horreur!

INFO

En 1910, Robert Falcon Scott a organisé une expédition qui est partie pour le pôle Sud. Le bateau *Terra Nova* a quitté Cardiff le 15 juin et l'expédition est arrivée en Antarctique le 9 décembre. Ils ont commencé à explorer le continent neigeux, mais il y a eu des désastres. Pendant l'année 1911, les poneys de l'expédition sonts morts de froid, et des chiens sont tombés dans une crevasse. Cinq membres de l'expédition ont continué leur voyage et enfin ils sont arrivés au pôle Sud le 17 janvier 1912, un mois après le Norvégien, Roald Amundsen. Scott et ses compagnons sont repartis vers le bateau mais ils ont rencontré des problèmes. Il a beaucoup neigé et ils n'ont pas pu continuer. Le capitaine Oates est tombé malade; un soir il est sorti de la tente et il n'est pas revenu. Quelques jours plus tard tous les autres membres du groupe ont trouvé la mort.

16 📖 🎧 Écoutez et lisez le texte. Mettez les images en ordre.

a

e

b

f

c

g

d

h

il y a eu   there were
l'année (f)   year
enfin   finally, at last

17 ✏️ Écrivez des légendes (*captions*) pour les images.
Exemple: Le bateau ou *Le bateau est parti.*

Test

1 **Remplissez les blancs.** [9]

	Présent	Passé composé
	je sors	*je suis sorti(e)*
1		je suis parti(e)
2	nous entrons	
3		vous êtes sortis
4	ils tombent	
5	elle descend	
6		ils sont restés
7		Isabelle est retournée
8	tu viens	
9		on est parti

2 **Complétez les phrases au passé composé.** [16]

Exemple: Didier [descendre] de . . .
Didier **est descendu** de son **vélo**.
1 Éric [monter] dans . . .
2 Sylvie [arriver] à . . .
3 Je [entrer] dans la . . .
4 Nous [aller] au . . .
5 Fifi [tomber] de . . .
6 Arnaud et Patricia [venir] au . . .
7 Tu [rester] au . . .
8 Vous [arriver] à quelle heure, madame?

Total points: 25

1 Vous êtes en forme?

1 Répondez aux questions.

2 Calculez les points. Votre professeur va vous aider.

3 Lisez les conseils.

Quand est-ce que ...

1 tu fais du sport?	**a** jamais	**b** souvent	**c** très souvent
2 tu manges des frites?	**a** une fois par semaine	**b** deux fois par semaine	**c** tous les jours
3 tu manges de la salade?	**a** tous les jours	**b** souvent	**c** jamais
4 tu fais une promenade?	**a** jamais	**b** trois fois par semaine	**c** très souvent
5 tu te couches après minuit?	**a** une fois par semaine	**b** toujours	**c** assez souvent
6 tu te lèves à sept heures?	**a** tous les jours	**b** souvent	**c** rarement
7 tu regardes la télévision?	**a** tous les soirs	**b** le week-end	**c** jamais
8 tu bois du coca?	**a** tous les jours	**b** souvent	**c** jamais
9 tu utilises l'ordinateur?	**a** rarement	**b** assez souvent	**c** tous les jours
10 tu utilises ton téléphone portable?	**a** toujours	**b** assez rarement	**c** jamais

15–20 points: Excellent! Tu es en forme! Continue comme ça!

10–14 points: Très bien! Tu es normal(e). Mais, il faut faire attention!

0–9 points: Oh là là! Tu n'es pas en forme. Tu dois changer tes habitudes!

jamais never

2 Lisez et décidez: Qui sort avec qui?

ce soir   this evening

Exemples:

.... sort avec ...

.... et .... sortent avec ...

Antoine

Didier

> Nous partons à dix-huit heures quinze. On va manger à l'italienne avec notre copain.

Jean

Sylvain

Patrice

> Nous allons au cinéma. Après, nous allons au Taj Mahal avec nos amis.

> Nous sortons ce soir pour aller au restaurant indien. Nous adorons le curry. Nous mangeons souvent à l'indienne.

> Moi, je sors ce soir avec ... Elle adore le sport. Elle a des cheveux longs et blonds. On part à seize heures.

Martine

Angélique

Ahmed

Sophie

> Je vais au centre sportif. Je fais de la natation trois fois par semaine.

> Ce soir je vais jouer au tennis avec mon nouveau copain. Je pars pour le club à quinze heures cinquante.

Gérard

Madeleine

> Je sors ce soir à dix-huit heures. Je vais au centre-ville en bus. Le trajet dure trente minutes. On va manger une pizza, moi et mes deux copains.

> Martine et moi sortons l'après-midi pour aller à la piscine.

Opinions, comparaisons

New skills and grammar in this unit
- making comparisons
- using *mettre*
- measurements, sizes and quantities
- new ways of expressing your opinion
- **pronunciation:** *eu*; feminine adjective endings; *eux, euse*; numbers and letters

Topics
- holiday camps
- types of car

Revision
- *en face de, à côté de*

soudain   suddenly
les meubles (m pl)   furniture (plural in French)
le canapé   sofa
je mets   I put
c'est mieux   that's better
maintenant   now
le coin   corner

Céline change sa chambre

1   C'est **a** ou **b**?

1 Céline	a adore sa chambre.	b n'aime pas sa chambre.
2 Céline	a réarrange sa chambre.	b achète des posters.
3 Céline	a mesure les meubles.	b mesure le lit.
4 La table est	a plus grande que le canapé.	b plus petite que le canapé.
5 Céline a fait son plan: maintenant elle	a est plus contente.	b n'est pas contente.
6 Quand Céline a fini, la chambre est	a plus petite.	b plus intéressante.

It sounds like this

1 Remember that when an adjective is in the feminine form you are more likely to hear and pronounce the ending.
Say the following pairs of adjectives, then listen to check your pronunciation:

*long longue   grand grande   blanc blanche
dangereux dangereuse*

2 Practise your pronunciation of 'u' in French – remember to push your lips forward tightly.
Hugo mesure les bureaux: le bureau noir est plus long que le bureau blanc.

2

Regardez la chambre de Céline. Écoutez la conversation. Choisissez **a** ou **b**.

		a	**b**
1	Le lit est	à côté de la table.	en face de la table.
2	Le téléviseur est	dans l'autre coin.	en face de la fenêtre.
3	L'armoire est	en face de la table.	à côté du téléviseur.
4	La bibliothèque est	à côté du canapé.	en face de l'armoire.

3

Comparez les meubles.

Exemples: Le lit est plus long que la table. L'armoire est plus longue que la canapé.

← 2 m →   1,5 m   1,2 m   ← 2,5 m →

TIP

The feminine of the adjective *long* is *longue*: e.g. *l'armoire est plus longue que le canapé.*

l'armoire (f)   wardrobe

GRAMMAR

C'est plus intéressant comme ça.   'It's more interesting like that.'
We put *plus* in front of an adjective to make a comparison ('it's more exciting'): e.g. *plus intéressant* ('more interesting').

Use *plus* with *que* (meaning 'than') to make comparisons between two things, e.g. *Le canapé est plus grand que la table.* 'The sofa is bigger than the table.'

Can you complete the following French sentence? 'The bed is bigger than the sofa.' *Le lit est . . .*

It sounds like this

The letters 'eu' in French sound a bit like the hesitation 'er' in English, but with your lips pushed forward. Try these, then listen to the recording and have another go.
*à deux heures   les fleurs
   le téléviseur
Avec les meubles comme ça, c'est un peu mieux.*

4

Travaillez avec un(e) partenaire. Faites des comparaisons.

Exemple:

A Le tableau blanc est plus long que la table du prof.

B L'écran est plus grand que le tableau blanc.

B C'est vrai!

A C'est faux!

le tableau blanc   whiteboard
l'écran (m)   screen

L'arche de Noé

GRAMMAR

Adjectives still have to agree with their nouns when you use them with *plus*.
Examples:
La souris est plus petite que le tigre.
Les éléphants sont plus grands que les tigres.
Les chiens sont plus petits que les tigres mais les souris sont plus petites que les chiens.

GRAMMAR

mettre   to put
je mets
tu mets
il / elle / on met
nous mettons
vous mettez
ils / elles mettent

5 Identifiez les trois phrases fausses.
1 Les tigres sont plus grands que les souris.
2 Les tigres entrent dans la section B.
3 Il fait du soleil.
4 Les girafes sont plus grandes que les éléphants.
5 Les éléphants passent par l'entrée B.

6 Travaillez avec un(e) partenaire. Où est-ce qu'on met les animaux? Contre la montre! Combien d'animaux dans une minute?
Exemple:

A   Les chiens.

B   Moi, je mets les chiens dans la section B. Les crocodiles?

A   Moi, je mets les crocodiles . . .

7

Choisissez **a**, **b** ou **c**.

1 Le tigre est
  a plus dangereuse   que le chien.
  b plus dangereux
  c plus dangereuses

2 Le crocodile est
  a plus intelligent   que le hamster.
  b plus intelligents
  c plus intelligente

3 Les lions sont
  a plus grandes   que les zèbres.
  b plus grand
  c plus grands

4 La souris est
  a plus petite   que le hamster.
  b plus petites
  c plus petits

5 Les chimpanzés sont
  a plus créative   que les enfants.
  b plus créatives
  c plus créatifs

6 Les serpents sont
  a plus venimeux   que les souris.
  b plus venimeuses
  c plus venimeuse

TIP

Watch out for adjectives that end in 'eux'. Their masculine plural ends in 'eux' just like the singular, so you can't tell if it's singular or plural except by checking the noun.
Their feminine singular ends in 'euse' and the feminine plural ends in 'euses'.
Les serpents sont dangereux, mais les girafes ne sont pas très dangereuses.

It sounds like this

Remember that the 'x' on the masculine endings is not pronounced, but that the 'se' on the feminine ending is pronounced.
Ils sont dangereux, les serpents venimeux et les araignées venimeuses.

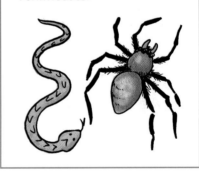

8

Composez des phrases. Attention à la grammaire. Utilisez **plus . . . que**. Il faut être amusant!
Exemple: Les lions sont plus intelligents que les professeurs.

| grand   petit   intelligent |
| féroce   dangereux   créatif |

Noé pèse les animaux. Il fait ses calculs.

9

Écoutez Noé. Notez les résultats de ses calculs.
Exemple: **1**   2 éléphants – six tonnes

peser   to weigh
maximal   maximum
une arche   ark
chacun   each one

La colonie de vacances

venez à
ROUSSILLE
Ici c'est toujours l'été!

- Grande piscine: 25 × 12 mètres
- Bar: ouvert de 10h00 à minuit
- Magasin: ouvert de 11h00 à 20h00
- Restaurant: prix maximum par personne, 40 euros
- Chalet: prix de 300 euros à 500 euros
- Terrain de jeu: 50 × 75 mètres
- Courts de tennis: prix à l'heure, 5 euros

VACANCES À
CRANSAC

- Piscine: 20 × 10 mètres
- Bar: ouvert de 10h00 à 02h00
- Magasin: ouvert de 11h00 à 18h00
- Restaurant: prix maximum par personne, 35 euros
- Chalet: prix de 400 euros à 650 euros
- Courts de tennis: prix à l'heure, 7 euros
- Terrain de pétanque: prix à l'heure, 3 euros
- Bowling: prix par jeu, 4 euros

10 Complétez les phrases selon les brochures.

Exemple: **1** Roussille

1 À . . . la piscine est plus grande.
2 À . . . les heures d'ouverture du bar sont plus longues.
3 À . . . les heures d'ouverture du magasin sont plus longues.
4 Au restaurant de . . . les prix sont plus chers.
5 À . . . les chalets sont plus chers.
6 À . . . il n'y a pas de terrain de jeu.

11 Travaillez avec un(e) partenaire.

Discutez. Partenaire **A** utilise la brochure de Roussille, Partenaire **B** utilise la brochure de Cransac. Utilisez les expressions dans la case.

| Je veux aller à . . .   parce que . . .   J'aime bien . . .   Il y a . . . |
| Oui, mais . . .   Il n'y a pas de . . .   Je préfère . . . |

Exemple:

A Je veux aller à Cransac, parce que j'aime bien le sport.

B Oui, mais les prix sont plus chers.

Vincent

Annette

12

C'est Vincent ou c'est Annette qui . . . ?

Exemple: **1** Annette

1 . . . aime la natation.
2 . . . veut payer un prix modéré pour un chalet.
3 . . . veut bien manger en vacances.
4 . . . veut faire des activités sportives.
5 . . . veut aller à Cransac.
6 . . . veut aller à Roussille.

> ### TIP
> You can recognise when people are expressing an opinion. They use expressions such as:
> *à mon avis*   in my opinion
> *je pense que*   I think that
> *je trouve que*   I find that

13

Fait (*fact*) ou opinion? Classez les phrases suivantes. Écrivez **F** ou **O**.

Exemple: **1** F

1 Il y a une colonie de vacances à Roussille et une autre à Cransac.
2 Les deux sont différentes.
3 À mon avis il faut avoir une grande piscine.
4 Je pense qu'il faut demander un prix réaliste.
5 Les prix par personne sont beaucoup plus chers.
6 Oui, mais à mon avis il faut bien manger quand on est en vacances.
7 Et à mon avis il est important de faire du sport quand on est en vacances.
8 Moi, je trouve que c'est cher!

14

Écrivez un e-mail à votre copain/copine. Donnez vos opinions sur les deux colonies de vacances. Vous pouvez mentionner:

• les prix
• les piscines
• les restaurants
• les magasins
• les sports
• les heures

BMW ou Citroën?

BMW Z3 *coupé*   Prix: 42.000€
Vitesse maximale: 250 km/h
Hauteur: 1m31
Longueur: 4m03
Moteur: 3.0L
Kilomètres par litre d'essence: 10.5

Citroën C8   Prix: 29.000€
Vitesse maximale: Moteur: 1.8L
   185 km/h   Kilomètres par litre
Hauteur: 2m20   d'essence: 12.3
Longueur: 4m73

C'est un fait   C'est faux   C'est une opinion

TIP

Notice that the cars are **la** Z3 and **la** Citroën: all cars are feminine in French because *la voiture* is feminine.

It sounds like this

Practise your pronunciation of letters and numbers in French. First, practise the alphabet, then listen to the following abbreviations and imitate what you hear.
BMW Z3   150 km/h
Mercedes SLK   95 km/h
XJS V12   BMW 318

15 Copiez les trois titres. Copiez les phrases 1–12 dans les colonnes correctes.
1 La Citroën est plus longue que la Z3.
2 La Citroën est plus chère que la Z3.
3 Pour l'essence, la Z3 coûte plus cher que la Citroën.
4 Je trouve la Citroën plus belle que la Z3.
5 Le moteur de la Z3 est plus petit que le moteur de la Citroën.
6 On peut mettre plus de bagages dans la Citroën.
7 À mon avis la Z3 est plus dangereuse que la Citroën.
8 On peut prendre plus de passagers dans la Citroën que dans la Z3.
9 À mon avis la voiture bleue est plus jolie que la rouge.
10 La Citroën est plus performante que la Z3.
11 La Citroën est plus grande que la Z3.
12 Je pense que la Z3 est plus intéressante que la Citroën.

16 Travaillez avec un(e) partenaire.
Partenaire **A** est un père de famille. Il veut acheter la Citroën.
Partenaire **B** est son ami. Il veut acheter la BMW Z3.
Exemple:

A *Je trouve la Citroën plus pratique que la Z3.*

B *Je préfère la Z3 parce qu'elle est plus performante.*

etc.

17 Choisissez une des deux voitures. Écrivez trois phrases pour expliquer votre choix. Donnez **deux faits** et **une opinion**.

performant   powerful
pratique   practical

Test

1 **Remplissez les blancs: écrivez la forme correcte du verbe** *mettre.* [8]

Exemple: Je **mets** mon short.
  1 Nous . . . . un pullover aujourd'hui.
  2 Annie . . . . la calculette dans son sac.
  3 On . . . . l'argent ici.
  4 Vous . . . . le pied sur la pédale.
  5 Est-ce que tu . . . . un anorak, Alexandre?
  6 Elles . . . . des œufs dans le bol.
  7 Franck et Khaled . . . . des chapeaux bizarres.
  8 Monsieur Rimet . . . . mille euros dans son portefeuille.

2 **Écrivez des phrases correctes.** [12]

Exemple:
grand

= La caravane est plus grande que la tente.

1   grand

2 petit   3   venimeux

4 cher

5   long   6   dangereux

Total points: 20

17

Choisir, décider

Les vacances sont arrivées! Les copains parlent de leurs projets.

1

Moi, je vais au Maroc. Vous partez en vacances?

OUI!

2

Moi, je vais en Guadeloupe avec mes parents. Nous allons chez Lila.

Super! Moi, je vais à Cannes avec mes parents. C'est très chic et il y a beaucoup de célébrités.

It sounds like this

The letter 'i' is pronounced 'ee'; this is true whether or not it has the accent 'î'.
Try the following, then listen to the recording and have another go, trying to improve your pronunciation.
Milan est une ville chic, dit Lila.
Le petit M. Cédric visite l'île Maurice.

Cédric

3

Et moi, je vais à Grenoble dans les Alpes. Je vais chez Ludo.

On part en vacances. Il faut acheter des choses!

Gucci, Versace, Nikon, Hilfiger . . .

1

Décidez: C'est Khaled, Raoul, Anne ou Céline?
1 Qui va visiter une île?
2 Qui va visiter la montagne?
3 Qui va visiter une ville au bord de la mer?
4 Qui va aller en Afrique?
5 Qui va faire du shopping?

Unité 17   Choisir, décider

2   Regardez les images, écoutez et notez les lettres.

Exemple: **1 d**

3   Choisissez **le**, **la** ou **les**.

Exemple: **1** le

1 Tu vois le maillot de bain, Céline? – Oui, je **le/les** vois.
2 Tu aimes les serviettes multicolores? – Je **la/les** adore!
3 Tu vois la planche de surf, Raoul? – Oui. Je **la/les** vois.
4 Khaled, tu aimes les lunettes? – Non, je **les/la** déteste.
5 Moi, je n'aime pas le bermuda. – Oh non! Moi je **les/le** trouve fantastique.
6 J'aime bien le masque et le tuba. – Moi, je **le/les** aime aussi.

It sounds like this

The 's' is not pronounced at the end of *les* unless the next word starts with a vowel or a silent 'h'.

Read out the following list of nouns, thinking each time about whether or not you should pronounce the final 's' on *les*. Then listen to the recording and have another go.

les idées, les lunettes, les animaux, les serviettes, les hôtels, les planches

Now try the following expressions where *les* is used as a pronoun.

Je les aime.   Tu les vois?   Elle les adore.   Nous les détestons.   On les veut?   Je les achète!

Tu le vois?   Do you / Can you see it?

GRAMMAR

We don't always want to repeat words. Look at these sentences. What would you change in the second sentence? 'I like that swimming costume. Do you like that swimming costume?'

In the second sentence you would say 'it' instead of 'that swimming costume'.

'I like that swimming costume. Do you like **it**?'

In French, we do the same thing:

*Tu vois **le bikini rouge**, Céline? – Oui, je **le** vois.*

We use *le*, *la*, or *les* to replace nouns. The object pronouns *le*, *la* and *les* go immediately **before** the verb.

*Tu vois **la planche de surf**, Raoul? – Oui. Je **la** vois.*

*Tu aimes **les lunettes**? – Non, je **les** déteste.*

quatre-vingt-dix-neuf   **99**

Chez Céline

Céline:	Regarde. J'ai fait du shopping.
Papa:	Ah, comme toujours!
Céline:	J'ai acheté un sac bleu. Tu l'aimes?
Papa:	Oui, ça va.
Céline:	Et j'ai acheté un bikini rouge. Tu l'aimes?
Papa:	Ah, non. Je ne l'aime pas! À mon avis, il est trop petit.
Céline:	Oh papa! Mais regarde, j'ai acheté aussi une planche de surf. Tu l'aimes?
Papa:	Non, je ne l'aime pas. Je pense qu'elle doit coûter très cher!
Céline:	Oh, tu es difficile! Regarde mes lunettes. Tu les aimes?
Papa:	Ben oui, je les trouve très jolies.
Céline:	Regarde les serviettes. Tu les aimes?
Papa:	Mais non. Je les déteste. Elles sont horribles.
Céline:	Et ma crème solaire, papa, tu l'aimes?
Papa:	Oui, ça, je la trouve très acceptable. Bonne idée, la crème solaire.

TIP

When *le* and *la* are used as pronouns, they shorten to *l'* before a vowel.
La planche de surf, tu l'aimes?
   Non, je ne l'aime pas.

4  Notez les trois articles que M. Ducros **aime**.

GRAMMAR

When sentences such as *Je l'aime* ('I like it') are made negative, the *ne . . . pas* surrounds both the pronoun (*l'*) and the verb (*aime*): *Je ne l'aime pas*.
Which is the correct negative form of *Je les aime*?
a *Je les n'aime pas.* **b** *Je ne les aime pas.*
Answer the following question in the negative, using 'les' meaning 'them': *Tu vois les maillots de bain?*
Non, je ne . . . .

5

Liez les questions et les réponses.

Exemple: **1 d**

1 Tu vois les lunettes?
2 Tu aimes le bikini?
3 Tu achètes la crème solaire?
4 Tu vois la planche de surf?
5 Tu vois le bermuda?
6 Tu achètes les serviettes?

a Non, je ne l'achète pas.
b Non, je ne les achète pas.
c Non, je ne le vois pas.
d Non, je ne les vois pas.
e Non, je ne la vois pas.
f Non, je ne l'aime pas.

6

Travaillez avec un(e) partenaire. Donnez des opinions. Notez les opinions de votre partenaire dans une grille.

☺	☹
les fruits	

Exemple: **A** (Tu aimes les fruits?)

B (Oui, je les aime. / Non je ne les aime pas. Tu aimes le foot?)

7

Répondez aux questions suivantes.

Utilisez la grille. Tu aimes . . .
1 la musique classique?
2 l'aérobic?
3 l'école?
4 le cinéma?
5 le shopping?
6 la photographie?

		barbant
Oui, je l'aime		intéressant
Oui, je l'adore	parce que c'est	énergique
Non, je ne l'aime pas	parce que ce n'est pas	cool
Non, je le/la déteste		cher
		facile
		difficile

8

Liez les copains et les transports.

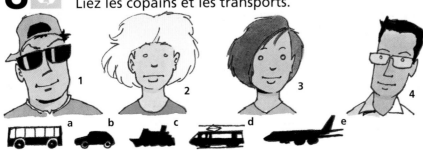

Le Maroc

> Voici l'aéroport. Cet aéroport n'est pas très grand.

> À Rabat, on va visiter cette mosquée célèbre.

> Et voici une photo du désert. Nous allons visiter ces ruines d'un vieux château.

> Et ce bazar à Marrakech est vraiment intéressant. On peut acheter toutes sortes de choses.

> Regardez cette brochure sur le Maroc. Nous allons visiter la capitale, Rabat.

> Cet homme porte des vêtements traditionnels.

> Et voici une photo de Casablanca. J'aime bien ce port, parce que l'ambiance est très spéciale.

GRAMMAR

You have already met *ce soir*, this evening. *Ce*, *cet* and *cette* all mean 'this', and *ces* means 'these'.

- Use *ce* before a masculine singular noun beginning with a consonant (*ce port*).
- Use *cet* before a masculine singular noun beginning with a vowel or a silent 'h' (*cet aéroport*, *cet homme*).
- Use *cette* before a feminine singular noun (*cette mosquée*).
- Use *ces* before plural nouns (*ces ruines*).

vieux   old

9 Corrigez les erreurs.

Exemple: Rabat

1 **Marrakech** est la capitale du Maroc.
2 Les ruines sont dans **une ville**.
3 La mosquée est **dans le désert**.
4 Le bazar de Marrakech est **très barbant**.
5 Khaled **n'aime pas** le port de Casablanca.
6 **La femme** porte des vêtements traditionnels.

10

Choisissez: **ce**, **cet**, **cette** ou **ces**?

Exemple: **1** ce

1 Tu aimes **ce/cette** poster?
2 Moi, je préfère **cette/ces** photo.
3 Regarde **ces/ce** livres!
4 Je prends **cette/ces** palmes.
5 Tu vois **ce/cet** anorak?
6 Regardez **ce/cette** bikini!

11

Céline parle à son père. Complétez les phrases suivantes avec **ce**, **cet**, **cette** ou **ces**.

Exemple: **1** ce

1 J'ai décidé d'acheter . . . . maillot de bain.
2 Je voudrais visiter . . . . bazar.
3 Tu aimes . . . . serviettes?
4 Je vais acheter . . . . sac.
5 Tu veux arriver à . . . . aéroport?
6 Tu veux utiliser . . . . crème solaire?

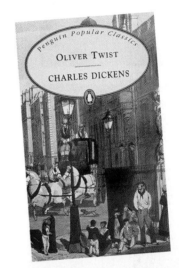

12

Travaillez avec un(e) partenaire. Indiquez un objet / des objets. Donnez une opinion. Utilisez **ce**, **cet**, **cette**, **ces**.

Exemple:

A (Moi, j'aime bien ce chien. Et toi?)

B (Non je ne l'aime pas / Oui, je l'aime bien aussi.)

Deux grandes villes du Maroc

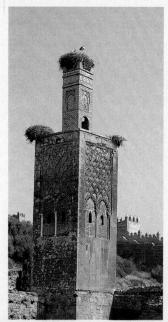

Rabat

La plus grande université du pays se trouve à Rabat, la capitale du Maroc.

Cette ville ancienne a beaucoup d'attractions touristiques.

La tour Hassan est le minaret d'une mosquée. Les familles viennent se promener et piqueniquer ici.

On peut aussi faire des promenades à pied dans la ville.

Visitez aussi le Palais Royal, situé dans le Grand Parc. D'ici on voit toute la capitale.

Casablanca

Cette grande ville compte quatre millions d'habitants, un septième de la population marocaine!

Beaucoup de touristes viennent visiter la grande mosquée Hassan II.

Casablanca, la plus grande ville du Maroc, est surtout un port industriel.

En comparaison avec les autres villes du Maroc, Casablanca n'est pas une belle ville. Mais vous avez la corniche. Cette route longe la côte. Elle est très populaire, avec ses restaurants, ses clubs, ses hôtels internationaux et ses cafés.

Les habitants de Casablanca aiment se promener le soir et le week-end; ils sortent pour boire un verre et respirer l'air de l'océan.

---

d'ici	from here
compter	to count, (here) to contain
surtout	above all
la corniche	coast road (in particular locations)
longer	to run along(side)

13 C'est à Rabat ou à Casablanca?

1 la mosquée Hassan II
2 la tour Hassan
3 la corniche
4 le port industriel
5 le Palais Royal
6 le Grand Parc

14 Choisissez une de ces grandes villes. Écrivez un e-mail à Khaled. Donnez les raisons de votre visite. Utilisez les expressions suivantes.

Je voudrais visiter   Je veux voir   est très intéressant parce que j'aime

Test

1 Remplissez les blancs. Ce, cet, cette, ces?   [10]

Exemple: **Cette** maison
  1 . . . . garçon
  2 . . . . femme
  3 . . . . pêches
  4 . . . . aéroport
  5 . . . . ville
  6 . . . . erreurs
  7 . . . . ordinateur
  8 . . . . exercice
  9 . . . . tentes
  10 . . . . école

2 Si Simon aime quelque chose, il le veut. Qu'est-ce qu'il veut? Qu'est-ce qu'il ne veut pas?   [10]

Exemple: Les frites, ☺ il les veut.
  1 Les devoirs, ☹ . . .
  2 Le fromage, ☹ . . .
  3 Les hamburgers, ☺ . . .
  4 Les vidéos de matchs de foot, ☺ . . .
  5 La salade, ☹ . . .
  6 Les gâteaux au chocolat, ☺ . . .
  7 La nourriture dans la cantine scolaire, ☹ . . .
  8 Les cours de piano, ☹ . . .
  9 La voiture de son voisin, ☺ . . .
  10 Les CD de musique rock, ☺ . . .

3 Les opinions de Sophie.
Sophie est la sœur de Simon. Elle a des opinions contraires. Écrivez les opinions de Sophie.   [10]

Exemple: Les frites, elle ne les veut pas.

Total points: 30

Ça va! (6)

1 On fait les courses.

Regardez votre liste. Comparez les prix chez Superprix, Electroluxe, La Pomme d'Or et Maude Mode. Où est-ce que vous faites vos courses?

Exemple: J'achète **la cassette-vidéo** chez **Superprix** parce que chez **Electroluxe** c'est plus cher.

lecteur DVD
radio
lampe
cassette-vidéo
pommes
bananes
oranges
T-shirt
jupe
jean

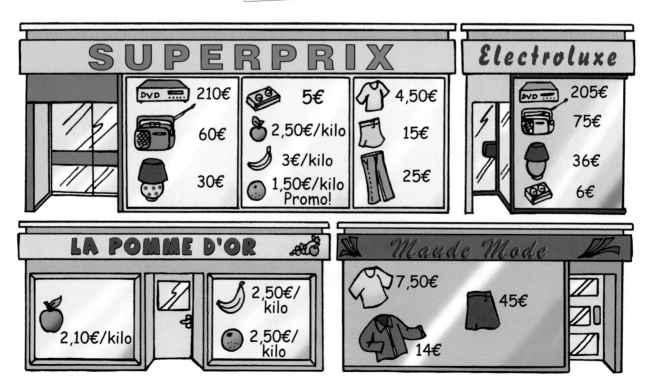

2 Illusions d'optique

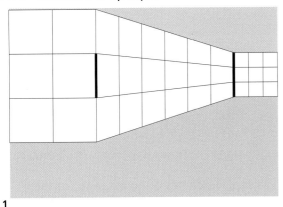

1

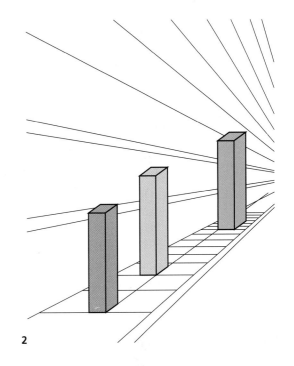

2

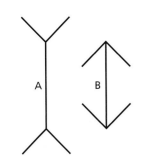

3

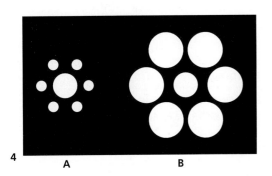

4

A   B

5

1 La ligne noire à droite est plus longue que la ligne noire à gauche. Vrai ou faux?

2 La colonne rouge est plus petite que la colonne verte et la colonne bleue. Vrai ou faux?

3 Décidez: La ligne A est plus longue que la ligne B. Vrai ou faux?

4 Le cercle au centre de A est plus grand que le cercle au centre de B. Vrai ou faux?

5 Combien de pattes a cet éléphant?

Grammar summary

Definitions

Noun	A noun is the name of a person, animal, place, thing or quality.
Examples	nouns un **homme**, **Paul**, un **tigre**, une **maison**, la **ville**, **Paris**, un **CD**, la **boum**
Pronoun	A pronoun is a word that is used in place of a name or noun (e.g. *Jean, les films*), to avoid repetition. • Use subject pronouns (e.g. *il, elles, on*) to replace names or nouns that are the subject. • Use object pronouns (*le, la, l', les*) to replace names or nouns that are the object.
Examples	name noun pronouns used instead of repeating Henri et son frère Voilà **Henri** et son **frère**. **Ils** jouent au volley. Tu **les** vois? subject pronoun object pronoun
Singular	A noun or pronoun is singular if it refers to only one person or thing.
Example	singular pronoun refers to Louise Louise adore les ordinateurs; **elle** est forte en informatique.
Plural	A noun or pronoun is plural if it refers to more than one person or thing.
Example	plural pronoun refers to mes amis Mes amis habitent à Paris. **Ils** aiment la capitale.
Determiner	A determiner is a word like *a*, *the*, *this* or *that*, which qualifies a noun.
Examples	In French, words like *un, une, le, la, les* are determiners.
Gender	A category for nouns, i.e. masculine or feminine.
Examples	**un ordinateur** is masculine, **une équipe** is feminine
Adjective	A word which gives you information about a noun or pronoun. • Demonstrative adjectives are the words for *this/that* (*ce, cette, cet*) and *these/those* (*ces*). • Possessive adjectives (e.g. *mon, sa, leur*) are the words for *my*, *his*, *their*, etc.
Examples	adjectives tell you something about Alain/il Alain est **intelligent**; il est **aimable** aussi! demonstrative adjectives Je vais acheter **ce** pull, **cette** jupe, **cet** anorak et **ces** baskets! possessive adjectives **Mes** parents n'aiment pas **mon** copain.

Agreement	Making an adjective plural and/or feminine to match the noun it goes with.
Examples	*The noun is feminine, so the adjective has **e** added:* *une chemise vert**e*** *The noun is feminine plural, so the adjective ending is **es**:* *des chaussettes bleu**es***
Preposition	A word that tells you the position of something.
Examples	*preposition preposition preposition* *La voiture est **dans** la rue. Paris est **en** France. Les posters sont **sur** le lit.*
Verb	A word which describes an action or state.
Examples	*verb verb verb* *Philippe **est** mon frère. Il **adore** la musique, il **joue** dans un groupe avec ses amis.*
Verb tenses	Verbs have different tenses (e.g. present tense, perfect tense). So they also tell you something about the **time** of the verb action or state.
Examples	*present tense perfect tense* *Philippe **adore** la musique, et il **a acheté** une trompette.* *Guillaume **aime** les films, et il **est allé** au cinema.*

1 Nouns
1.1 Masculine or feminine

All nouns in French are either masculine or feminine.
- Most nouns ending in -e are feminine:
  une équipe, une ville, la banque, la planète
  But there are many exceptions, e.g. *le disque, le téléphone, le groupe, le fromage, le collège, le système, le cyclisme*
- Most nouns ending in -ion are feminine:
  une décision, une expédition
- Most nouns ending in a consonant or -i, -o or -u are masculine:
  un souvenir, un bikini, le vélo, le genou
  Some exceptions: *la main, la mer, une interview, la radio*

1.2 Singular or plural

- Most nouns add -s in the plural. This -s is not pronounced.
  Singular: *un garçon*   Plural: *des garçon**s***
  Singular: *le garçon*   Plural: *les garçon**s***
- Nouns ending -al change to -aux:
  Singular: *un animal*   Plural: *des anim**aux***
- Nouns ending in -au add -x:
  Singular: *un bate**au***   Plural: *des bateau**x***

2 Determiners
2.1 a, an

The word for 'a'/'an' in French is *un* for masculine words and *une* for feminine words:
  un *animal,* **une** *voiture*
- the plural of *un* and *une* is *des* ('some'):
  des *frites*

2.2 the

The word for 'the' is *le* or *la* in the singular. It shortens to *l'* before a vowel or silent *h*:
  le *professeur,* **la** *femme,* **l'***animal,* **l'***hôtel*
The plural form is *les*:
  les *professeurs,* **les** *femmes,* **les** *animaux,* **les** *hôtels*

2.3 'some', 'any' [see page 10]

- Masculine: *du, de l'*
  *Je voudrais **du** pain. Avez-vous **de l'**argent?*
  I would like **some** bread. Have you got **any** money?
- Feminine: *de la, de l'*
  *Je vais acheter **de la** limonade. Tu veux **de l'**eau minérale?*
  I'm going to buy **some** lemonade. Do you want **some** mineral water?

- Plural: *des*
  J'ai des amis en Allemagne.
  I have **some** friends in Germany.
- If you want to say 'not any' then *de* is used on its own:
  Je n'ai pas d'argent.
  I haven**'t** got **any** money.

3 Adjectives

3.1 Agreement [see pages 2, 30, 92, 93]

Adjectives agree with nouns and pronouns (masculine/feminine and singular/plural). Endings are added to the basic masculine form:

	Masculine	Feminine
Singular	–	*-e*
Plural	*-s*	*-es*

Example:

	Masculine	Feminine
Singular	*un garçon intelligent*	*une fille intelligente*
Plural	*des garçons intelligents*	*des filles intelligentes*

- Adjectives ending in *-e* do not add *-e* in the feminine:
  un pull jaune, une piscine olympique
- Adjectives ending in *-s* do not add *-s* in the masculine plural:
  les footballeurs anglais, les fruits frais
- Some adjectives have a feminine form which has other changes:

Masculine	Feminine	Meaning
beau	*belle*	beautiful, lovely
nouveau	*nouvelle*	new
blanc	*blanche*	white
bon	*bonne*	good
gros	*grosse*	large, fat
gentil	*gentille*	nice
italien	*italienne*	Italian
dangereux	*dangereuse*	dangerous
doux	*douce*	soft, sweet
sportif	*sportive*	good at sport
grec	*grecque*	Greek
long	*longue*	long

3.2 Position of adjectives [see page 30]

Adjectives are usually placed after the noun in French:
 *une voiture **rouge**, un site **important**, des livres **intéressants***
- The following are usually placed before the noun:
 beau, petit, joli, gros, gentil, nouveau, jeune, bon, grand
 *Un **bon** film*   A good film
 *Une **nouvelle** émission*   A new programme

3.3 Comparison [see pages 19, 91]

To compare two people or things you can use *plus ... que*
('more ... than') around the adjective.
*Mon frère est **plus grand que** mon père.*
My brother is taller than my dad.
*À mon avis, le français est **plus intéressant que** les maths.*
In my opinion, French is more interesting than maths.

3.4 Possessive adjectives [see page 58]

These adjectives correspond to 'my', 'your', 'his', 'her', 'our'
and 'their' in English.
- The gender of the adjective depends on the gender of **what**
 is owned, and whether it is singular or plural. It doesn't
 matter who is speaking.

	Masculine singular	Feminine singular	Plural (masculine and feminine)
my	*mon*	*ma*	*mes*
your (for *tu*)	*ton*	*ta*	*tes*
his/her/its	*son*	*sa*	*ses*
our	*notre*	*notre*	*nos*
your (for *vous*)	*votre*	*votre*	*vos*
their	*leur*	*leur*	*leurs*

 ***Mon** ordinateur est dans **ma** chambre, et **mes** disquettes*
 *sont dans **mon** placard.*
 My computer is in my bedroom, and my disks are in my
 cupboard.
- Before a feminine noun that begins with a vowel (e.g.
 équipe), use *mon, ton, son* instead of *ma, ta, sa* if the vowel
 follows immediately:
 Son équipe préférée   His favourite team
 But: *Sa petite équipe*   His little team

3.5 Demonstrative adjectives [see page 102]

These adjectives are used to mean *this/that* and *these/those*.

	Masculine	Feminine
Singular	*ce* *cet* – before a vowel or silent *h*	*cette*
Plural	*ces*	*ces*

*Tu préfères **cette** chemise ou **ce** T-shirt?*
Do you prefer this shirt or this T-shirt?

To say 'that . . . / those . . . (over there)', add *-là* to the noun:
Tu vois ces chemises-là?   Do you see those shirts?

4 Pronouns

4.1 Subject pronouns [see page 21]

These are used to indicate the person doing an action. They
are: *je, tu, il, elle, on, nous, vous, ils* and *elles*.
* The pronoun *on* means 'one', 'you', 'people in general':
  *Ici **on** achète **son** billet.*
  You buy **your** ticket here.
  It can also be used to mean 'we':
  ***On** va au cinéma?*
  Shall **we** go to the cinema?

4.2 Object pronouns [see page 99]

These are *le, la* and *les* and they replace a name or noun, to
avoid repetition. *Le* and *la* shorten to *l'* before a vowel. Object
pronouns come before the verb.
– *Tu vois le bikini rouge?* Do you see the red bikini?
– *Oui, je **le** vois mais je ne **l'**aime pas!* Yes, I see **it**, but I don't
  like **it**!

4.3 Reflexive pronouns

These are used with reflexive verbs (e.g. *s'amuser, se coucher*)
and are as follows:

Subject pronoun	Meaning	Reflexive pronoun	Meaning
je	I	*me*	myself
tu	you	*te*	yourself
il / elle / on	he, she, it	*se*	himself / herself / itself
nous	we	*nous*	ourselves
vous	you	*vous*	yourself/yourselves
ils / elles	they	*se*	themselves

Le vendredi je vais au club, je m'amuse bien et je me couche assez tard.
On Fridays I go to the club, I have fun, and I go to bed quite late.

4.4 Strong pronouns

These pronouns can stand on their own, or can appear after words such as *avec* (with), *pour* (for) and *chez* (at the house of):

moi	I, me	*nous*	we, us
toi	you	*vous*	you

Moi, *je joue au basket samedi. Et* **toi**?
I'm playing basketball on Saturday. How about **you**?

5 Verbs
5.1 The present tense

Use the present tense:
• to say what is happening now:
*Philippe **joue** au billard en ce moment.*
Philip's playing snooker just now.
• to say what usually happens:
*Je **joue** au tennis le mercredi.*
I play tennis on Wednesdays.

5.1a The present tense of regular -er verbs

Example: *regarder* (to watch)
*je regard**e***
*tu regard**es***
*il / elle / on regard**e***
*nous regard**ons***
*vous regard**ez***
*ils / elles regard**ent***

5.1b The present tense of regular -re verbs
[see pages 47, 63, 92]

Example: *vendre* (to sell)
*je vend**s***
*tu vend**s***
il / elle / on vend
*nous vend**ons***
*vous vend**ez***
*ils / elles vend**ent***

*Moi, je **vends** mon vélo. Et toi, qu'est-ce que tu **vends**?*

Other regular -re verbs are: *attendre* (to wait), *descendre* (to go/come down), *entendre* (to hear), *répondre* (to reply, to answer).

5.1c The present tense of *-ir* verbs [see pages 47, 73]

There are several kinds of *-ir* verbs. This is how one group works:

Example: *sortir* (to go/come out)

je sors
tu sors
il / elle / on sort
nous sortons
vous sortez
ils / elles sortent

*Nous **sortons** deux fois par semaine, mais mon frère **sort** tous les soirs!*

Other *-ir* verbs like *sortir* are: *dormir* (to sleep), *partir* (to leave), *servir* (to serve).

Another group of *-ir* verbs works differently. This group includes: *choisir* (to choose), *finir* (to finish).

5.2 The present tense of irregular verbs

[see pages 22, 46]

Some of the most useful verbs are irregular, so have to be learned by heart. Here are the three you are likely to use most.

être to be	*avoir* to have	*aller* to go
je suis	*j'ai*	*je vais*
tu es	*tu as*	*tu vas*
il / elle / on est	*il / elle / on a*	*il / elle / on va*
nous sommes	*nous avons*	*nous allons*
vous êtes	*vous avez*	*vous allez*
ils / elles sont	*ils / elles ont*	*ils / elles vont*

Here are another four irregular verbs that you will find very useful.

pouvoir to be able to	*vouloir* to want to	*devoir* to have to	*faire* to do, to make
je peux	*je veux*	*je dois*	*je fais*
tu peux	*tu veux*	*tu dois*	*tu fais*
il / elle / on peut	*il / elle / on veut*	*il / elle / on doit*	*il / elle / on fait*
nous pouvons	*nous voulons*	*nous devons*	*nous faisons*
vous pouvez	*vous voulez*	*vous devez*	*vous faites*
ils / elles peuvent	*ils / elles veulent*	*ils / elles doivent*	*ils / elles font*

5.3 Imperatives: instructions and suggestions

[see pages 57, 59]

This is the form of the verb used to give instructions, make invitations or give advice.

- Verbs ending in *-er*:
  For the *tu* form, drop *tu*, and drop the *-s*.
  Tu regardes cette image. → ***Regarde*** *cette image!*
                                       Look at this picture!
  For the *vous* form, just drop the *vous*:
  Vous regardez ces gâteaux. → ***Regardez*** *ces gâteaux!*
                                            Look at those cakes!

- Verbs ending in *-re* or *-ir*:
  Simply drop the *tu* or *vous*:
  Attends!   Wait!
  Sortez *avec nous!*   Come out with us!

5.4 Talking about the future [see pages 9, 23]

To talk about the future, you can use *aller* with the infinitive of any other verb:
  *Je **vais regarder** la télé.*
  I'm going to watch TV.

5.5 Using the perfect tense to talk about the past [see pages 10, 38, 42]

This tense tells you what happened at a certain moment in the past.

5.5a Perfect tense with *avoir*

You can often recognise the perfect tense when you see a part of *avoir* followed by a past participle (e.g. *regardé, vendu, servi*).

*j'**ai** regardé*	I watched	*J'**ai** vendu*
*tu **as** regardé*	you watched	I sold
*il / elle **a** regardé*	he/she watched	*J'**ai** servi*
*nous **avons** regardé*	we watched	I served
*vous **avez** regardé*	you watched	
*ils / elles **ont** regardé*	they watched	

5.5b Perfect tense with *être* [see pages 11, 29, 31, 40, 42, 77, 82]

Some verbs use *être* for the perfect tense. With these verbs, the past participle has to agree with its subject:

*je suis allé**(e)*** I went	*nous sommes allé**(e)**s*
*tu es allé**(e)***	*vous êtes allé**(e)(s)***
il / on est allé	*ils sont allé**s***
*elle est allé**e***	*elles sont allé**es***

*Ma sœur **est allée** au cinéma mais Philippe et Pierre **sont allés** au club. Nous **sommes restés** à la maison.*

Some verbs that take *être* in the perfect tense: *aller, venir, arriver, partir, entrer, sortir, monter, descendre, mourir, naître, rester, tomber, retourner, rentrer.* (You might find it easiest to remember these verbs in the 'pairs' listed here.)
Reflexive verbs take *être* in the perfect tense:
　Je me suis promené(e)　I went for a walk
　Nous nous sommes levé(e)s　We got up

5.6 Irregular past participles [see pages 27, 39, 64, 75]

Some verbs have an irregular past participle. Here are some of them.

Infinitive	Past participle
boire　to drink	*bu*
dire　to say	*dit*
faire　to do, to make	*fait*
mettre　to put	*mis*
prendre　to take	*pris*
voir　to see	*vu*

　*J'ai **dit** 'Bonjour' à Simon.*　*Alain a **fait** ses devoirs.*
　*Céline a **pris** sa valise.*　*Tu as **vu** ce film?*

5.7 Using two verbs together [see pages 60, 66]

These verbs may be followed by the infinitive of another verb, to talk about what you can do, like doing, prefer doing, need to do, etc.

aimer　　*J'**aime jouer** sur mon ordinateur.*
　　　　　I like playing on my computer.
préférer　*J'aime regarder la télévision, mais je **préfère aller** au cinéma.*
　　　　　I like watching TV but I prefer going to the cinema.
adorer　　*J'**adore jouer** au volley.*
　　　　　I love playing volleyball.
vouloir　　*Tu **veux habiter** à Londres?*
　　　　　Do you want to live in London?
pouvoir　　*On **peut visiter** le château.*
　　　　　You can look round the castle.
devoir　　*Elle **doit partir** dans dix minutes.*
　　　　　She has to leave in ten minutes.
il faut　　***Il faut acheter** un billet.*
　　　　　You have to buy a ticket. / You need to buy a ticket.
• To say 'If ...', use *Si ...* :
　*Si tu **veux sortir** ce soir, tu **dois finir** tes devoirs.*
　If you want to go out this evening, you'll have to finish your homework.
　*Si on va au cinéma, on **peut voir** le nouveau film.*
　If we go to the cinema, we can see the new film.

6 Negatives [see page 100]

To make a sentence negative, use *ne . . . pas* around the verb:
*Lucy **ne** mange **pas** de viande – elle est végétarienne!*
Lucy **doesn't** eat meat – she's vegetarian!

7 Time expressions [see pages 00, 000]

Past	Present	Future
hier yesterday	*aujourd'hui* today	*demain* tomorrow
hier matin yesterday morning	*ce matin* this morning	*demain matin* tomorrow morning
hier après-midi yesterday afternoon	*cet après-midi* this afternoon	*demain après-midi* tomorrow afternoon
hier soir yesterday evening	*ce soir* this evening	*demain soir* tomorrow evening
la semaine dernière last week	*cette semaine* this week	*la semaine prochaine* next week

8 Prepositions [see pages 3, 4, 12, 32, 42, 55, 56, 59]

These words describe the position of one thing in relation to another. Here are the most useful ones you have learned so far:
à, avec, chez, dans, de, devant, derrière, en, entre, pour, sous, sur
Note: *à + le → au: Nous allons au cinéma.*
　　　de + le → du: Mes copains mangent du chocolat.

* With feminine countries, use *en*: **en** *France*
  With most masculine countries use *au*: **au** *Japon*
  With plural countries use *aux*: **aux** *États-Unis*

Some prepositions are short phrases, e.g. *en face de* (opposite), *à côté de* (beside, next to), *près de* (near), *au-dessus de* (above). The *de* changes according to the noun that follows:
*Mettez la table **à côté du** lit, **en face de la** porte, **près des** fenêtres.*
Put the table beside the bed, opposite the door, near the windows.

9 Questions and answers
9.1 Yes/no questions

These are asked by raising the pitch of the voice at the end of the sentence. You can also add *est-ce que* to the beginning.
Tu vas au collège aujourd'hui?
Est-ce que tu vas au collège aujourd'hui?
Are you going to school today?

9.2 Question words

Questions which are asking for specific information are
introduced by the following:

Qu'est-ce que . . . ?	What . . . ?
Qui . . . ?	Who . . . ?
Où (est-ce que) . . . ?	Where . . . ?
Quand (est-ce que) . . . ?	When . . . ?
Pourquoi (est-ce que) . . . ?	Why . . . ?
Combien (de) . . . ?	How much, how many . . . ?

10 Numbers and dates

10.1 High numbers [see page 37]

70 = 60 + 10	*soixante-dix*	200	*deux cents*
80 = 4 × 20	*quatre-vingts*	230	*deux cent trente*
90 = (4 × 20) + 10	*quatre-vingt-dix*	1000	*mille*
100	*cent*		

10.2 Ordinal numbers ('first', 'second', etc.)

[see page 20]

first	*premier, première*	sixth	*sixième*
second	*deuxième*	seventh	*septième*
third	*troisième*	eighth	*huitième*
fourth	*quatrième*	ninth	*neuvième*
fifth	*cinquième*	tenth	*dixième*

Ma première école   My first school
Le deuxième cours   The second lesson
Notice the spelling of *quatrième, cinquième, neuvième*.

10.3 Dates [see page 32]

* For most dates, in French we use cardinal numbers (*deux,
  trois*, etc.):
  *le **quatre** janvier*   the **fourth** of January
  *le **vingt et un** août*   the **twenty-first** of August
  But for the **first** we use the ordinal number:
  *le **premier** mars*   the **first** of March
* Use just *le* + the date to say 'on . . .':
  le onze novembre   **on the** eleventh of November
* Use *du . . . au . . .* to say 'from . . . to . . .':
  du trois **au** huit juillet   from the third to the eighth of July

10.4 Measurements and quantity

* Use *sur* to mean 'by' in dimensions:
  *La piscine mesure 25 mètres **sur** 14.*
  The pool measures 25 metres **by** 14.
* Use *de* after a given quantity:
  *un kilo **de** pommes*   a kilo of apples
  *un paquet **de** chips*   a packet of crisps
  *une bouteille **de** coca*   a bottle of cola

French–English vocabulary

à côté de *beside*
à droit *on/to the right*
à gauche *on/to the left*
à l'heure *on time*
accepter *to accept*
accuser *to accuse*
actif/active *active*
aéroport (m) *airport*
agneau (m) *lamb*
ail (m) *garlic*
algérien(ne) *Algerian*
Allemagne (f) *Germany*
allemand *German*
allumer *to switch on*
alpiniste (m/f) *climber*
ambulance (f) *ambulance*
anglais *English*
Angleterre (f) *England*
année (f) *year*
anniversaire (f) *birthday, anniversary*
appartement (m) *flat, apartment*
appeler *to call*
apprendre *to learn*
appuyer (sur) *to lean, to press*
aquatique *aquatic*
arbre (m) *tree*
arche (m) *ark*
architecture (f) *architecture*
argent (m) de poche (f) *pocket money*
armoire (f) *wardrobe*
arrêter *to stop, to arrest*
arriver *to arrive*
article (m) *article*
Asie (f) *Asia*
aspirateur (m) *vacuum cleaner*
asseoir, s' *to sit down*
attaquer *to attack*
attendre *to wait*
au-dessus de *above*
autre *other*
Autriche (f) *Austria*
autrichien(ne) *Austrian*
avis (m) *opinion*
avoir lieu *to take place*

bagages (mpl) *luggage, baggage*
baladeur (m) *walkman, personal stereo*

banque (f) *bank*
barbant *annoying, boring*
bateau (m) *boat, ship*
battre *to fight, to beat, to hit*
bavard *chatty, talkative*
Belgique (f) *Belgium*
billet (m) *ticket, banknote*
boire *to drink*
boîte (f) *box, can*
bonbon (m) *sweet*
bord (m) *edge*
botte (f) *boot*
boucherie (f) *butcher's*
boulangerie (f) *baker's*
bouton (m) *button, spot*
bref/brève *short (time), quick*
brillant *brilliant*
brochure (f) *brochure*
bureau (m) *office, desk*
but (m) *goal, aim*

cadeau (m) *gift, present*
calculette (f) *calculator*
cambrioleur/euse *burglar*
camion (m) *lorry*
canapé (m) *sofa*
casser *to break*
chacun *each one*
championnat (m) *championship*
château (m) *castle*
cher/chère *expensive, dear*
chic *smart, stylish*
chouette *great, really nice*
cidre (m) *cider*
ciel (m) *sky*
cinquième *fifth*
citron (m) *lemon*
clef (f) *key*
client(e) *client, customer*
coin (m) *corner*
commander *to order*
commencer *to start*
communication (f) *communication*
compagnon (m) *companion*
comprimé (m) *tablet, pill*
compter *to count, to contain*
comptoir (m) *counter*
confiserie (f) *sweet shop*
conseil (m) *advice*
consulter *to consult*
continent (m) *continent*
continuer *to continue*

contre *against*
coordonnées (fpl) *address/location details*
copain (m) *friend (male)*
copine (f) *friend (female)*
corail (m) *coral*
corniche (f) *coast road (in particular locations)*
côté (m) *side*
couler *to flow, to sink (boat)*
couloir (m) *corridor*
coup de téléphone (m) *phone call*
coupe (f) *Cup (e.g. football)*
couper *to cut*
courir *to run*
courses (fpl) *shopping (faire les courses to go shopping, do the shopping)*
couvrir *to cover*
créatif/créative *creative*
crème (f) *cream*
cuisine (f) *cooking style, kitchen*
cuisson (f) *cooking method or time*

dangereux/euse *dangerous*
date (f) *date*
décoller *to take off (plane, etc.)*
découvrir *to discover*
déjà *already*
délicieux/se *delicious*
dent (f) *tooth*
dépendre *to depend*
descendre *to go down*
descente (f) *descent*
désolé *sorry*
deuxième *second*
devoir *to have to*
disque (m) *disk*
distance (f) *distance*
donc *so, therefore*
droite (f) *right (direction, side)*

écossais *Scottish*
Écosse (f) *Scotland*
écran (m) *screen*
église (f) *church*
égyptien(ne) *Egyptian*
électronique *electronic*
éliminer *to eliminate*
en effet *indeed*

en face de *opposite*
encore une fois *once again*
enfin *finally, at last*
ensuite *next, then*
entendre *to hear*
entre *between*
équipage (m) *crew*
équipe (f) *team*
équipement (m) *equipment*
escalier (m) *staircase*
Espagne (f) *Spain*
espagnol *Spanish*
essence (f) *petrol*
estomac (m) *stomach*
étagère (m) *shelf*
éteindre *to turn off*
étonnant *surprising, astonishing*
étudier *to study*
exercice (m) *exercise*
exotique *exotic*
expédition (f) *expedition*
expliquer *to explain*
explorer *to explore*
exploser *to explode*
exposition (f) *exhibition*

faire une allergie à *to be allergic to*
falaise (f) *cliff*
félicitations *congratulations*
fenêtre (f) *window*
fermer *to close*
filet (m) *fillet*
film d'horreur (m) *horror film*
finale (f) *Final (championship, etc.)*
finalement *finally*
fleur (f) *flower*
fois (f) *time, occasion*
forêt (f) *forest*
four (m) *oven, cooker*
four (m) à micro-ondes *microwave oven*
français *French*
frigo (m) *fridge*
fusée (f) *rocket*

gagner *to win, to earn*
galaxie (f) *galaxy*
gallois *Welsh*
gâteau (m) *gateau, cake*
gauche (f) *left (direction, side)*
geler *to freeze*
général *general*
gourmand *greedy*
gousse (f) *clove*

gratuit *free of charge*
graveur (m) *CD writer*
grec/grecque *Greek*
Grèce (f) *Greece*

habitant (m) *inhabitant*
habité *lived-in, inhabited*
haut *tall (building), high*
hauteur (f) *height (building, object)*
hectare (m) *hectare*
heureusement *fortunately, happily*
heurter *to bump into, to hit, to strike*
historique *historic*
hollandais *Dutch*
Hollande (f) *Holland*
hôpital (m) *hospital*

il y a... *...ago*
île (f) *island*
immédiatement *immediately*
imprimante (f) *printer*
incroyable *incredible*
industrie (f) *industry*
inférieur *inferior, lower*
infirmière (f) *nurse*
ingrédient (m) *ingredient*
interdit *forbidden, not allowed*
irlandais *Irish*
Irlande (f) *Ireland*
Italie (f) *Italy*
italien(ne) *Italian*

jamais *never*
jambon (m) *ham*
jardinage (m) *gardening*
jeu (m) *game*
journal (m) *newspaper, diary*

kilomètre (m) *kilometre*

là *there*
laisser *to leave*
lecteur (m) DVD *DVD player*
lendemain (m) *the following day*
librairie (f) *bookshop*
lien (m) *link*
lieu (m) *place (au lieu de = instead of)*
lire *to read*
liste (f) *list*
litre (m) *litre*

livre (m) *book*
longueur (f) *length*
lunettes (fpl) *glasses (spectacles)*

magasin (m) *shop*
magie (f) *magic*
magique *magical*
magnétoscope (m) *video recorder/player*
main (f) *hand*
maintenant *now*
maison (f) *house*
malade *ill*
marché (m) *market*
marché aux puces (m) *flea market*
marquer *to mark, to score (a goal)*
masque (m) *mask*
matinée (f) *morning*
maximal *maximum*
médicament (m) *medicine*
mélanger *to mix together*
message (m) *message*
mesurer *to measure*
meubles (mpl) *furniture*
meurtre (m) *murder*
mignon *cute, attractive*
minichaîne (f) portable *portable CD player*
mode (f) *fashion*
modéré *moderate*
moderne *modern*
mondial (adj) *world*
monter *to climb (up)*
monument (m) *monument, historic building*
mosquée (f) *mosque*
mot-clé (m) *keyword*
moules (fpl) *mussels*
mourir *to die*
moutarde (f) *mustard*
moyen *average*
musée (m) *museum*
mystère (f) *mystery*
mystérieux/euse *mysterious*

naître *to be born*
nationalité (f) *nationality*
naturel(le) *natural*
navette spatiale (f) *space shuttle*
néandertaliens (mpl) *Neanderthal people*
négatif/négative *negative*
neiger *to snow*
nez (m) *nose*

noix (f) *nut*
note (f) *note*
nounours (m) *teddy bear*
nouvelles (fpl) *the news*
nuit (f) *night*
numérique *digital*

d'occasion *second-hand*
occuper *to occupy, to take up*
oignon (m) *onion*
oncle (m) *uncle*
ordinateur (m) *computer*
ordinateur (m) portable *laptop*
oreille (f) *ear*
oublier *to forget*
ouest (m) *west*
ouvrir *to open*

panier (m) *basket (wicker basket, basket on an Internet shopping site)*
panne (f), en *broken down*
papeterie (f) *stationer's*
paquebot (m) *liner, steamship*
paradis (m) *paradise, heaven*
participer *to participate*
partir *to leave, depart*
passager/passagère *passenger*
pâtisserie (f) *cake shop*
payer *to pay for*
Pays (m) de Galles *Wales*
Pays (mpl) Bas *Netherlands*
pêche (f) *fishing*
pendant *during*
perdre *to lose*
performant *powerful*
période (f) *period of time*
personne (f) *person*
peser *to weigh*
petit déjeuner (m) *breakfast*
pharmacie (f) *pharmacy, chemist's*
photographie (f) *photography*
pied (m) *foot*
piment (m) *pepper (vegetable)*
pique-nique (m) *picnic*
piste (f) *track*
placard (m) *cupboard*
planche (f) de surf *surfboard*
planète (f) *planet*
plusieurs *several*
poisson (m) *fish*
pôle (m) *Pole (North/South)*
pomme (f) de terre *potato*
pompier (m) *fireman*
population (f) *population*

porc (m) *pork*
portable (adj) *portable (e.g. ordinateur portable = laptop)*
porte-monnaie (f) *purse, wallet*
positif/positive *positive*
posséder *to possess*
poubelle (f) *dustbin*
poulet (m) *chicken*
poussière (f) *dust*
pratique *practical*
premier/première *first*
président (m) *president*
prêt *ready*
prix (m) *price, prize*
problématique *problematic*
problème (m) *problem*
proche *near, close*
produit (m) *product*
professionel(le) *professional*
profiter de *to make the most of, take advantage of*
promenade (f) *a walk, hike*
promener, se *to go for a walk*
proposer *to propose*
proposition (f) *proposition, suggestion*
pruneau (m) *prune*
publicité (f) *advert, publicity*
puis *then*

quatrième *fourth*
quitter *to leave*

radio (f) *radio*
réaction (f) *reaction*
réaliste *realist(ic)*
recette (f) *recipe*
réduction (f) *reduction*
règlement (m) *rule, regulation*
relaxer, se *to relax*
remplacer *to replace*
rencontrer *to meet, to come across*
rentrer *to come back, to return/arrive home*
repas (m) *meal*
répéter *to repeat*
répondre *to reply*
rester *to stay*
résultat (m) *result*
retard (m), en *late*
retourner *to return*
retrouver *to find, to meet up with*
rivière (f) *river*
riz (m) *rice*

rocher (m) *rock*
roi (m) *king*
romantique *romantic*

salon (m) de coiffure (f) *hairdresser's*
saucisse (f) *sausage*
sauter *to jump*
science-fi (f) *sci-fi*
secours (mpl) *help, rescue*
secrétaire (m/f) *secretary*
sécurité (f) *security, safety*
selon *according to*
semaine (f) *week*
sentir *to feel, to smell*
septième *seventh*
serviette (f) *towel*
seul *only, sole*
siècle (f) *century*
site (m) *site (historic or Internet)*
situé *situated*
sixième *sixth*
skate-board (m) *skateboard*
skieur (m) *skier*
solde (f) *sale*
sommet (m) *summit*
sonner *to ring (phone, doorbell)*
sorcière (f) *witch*
sortir *to go out*
soudain *sudden, suddenly*
soupe (f) *soup*
souvenir (m) *souvenir*
souvent *often*
stade (m) *stadium*
stage (m) *training course*
sud (le) *south*
suggérer *to suggest*
Suisse (f) *Switzerland*
supermarché (m) *supermarket*
surtout *above all*
sympa *nice, likeable (person)*
système (m) *system*

tableau blanc (m) *whiteboard*
tant pis *never mind, too bad*
taper *to hit (person); to key (keyboard)*
tard *late*
tasse (f) *cup*
téléphone portable (m) *mobile phone*
téléviseur (m) *television (the object)*
température (f) *temperature*
tente (f) *tent*
terrain (m) *ground, pitch (sport)*

tête (f) *head*
toilettes (fpl) *toilet(s)*
toit (m) *roof*
tomber *to fall*
toujours *always, still*
tour (f) *tower*
tourisme (m) *tourism*
tout d'abord *first of all*
tout droit *straight ahead*
traditionnel(le) *traditional*
trajet (m) *journey (short)*
transport (m) *transport*

tribune (f) *seating (in a stadium)*
troisième *third*
trophée (m) *trophy*
tropical *tropical*
tuer *to kill*

vendre *to sell*
venimeux/euse *poisonous*
venir *to come*
verre (m) *glass*
vers *about*
vieux *old*

village (m) *village*
visiteur (m) *visitor*
voile (f), faire de la *to go sailing*
voir *to see*
vol (m) *theft*
voler *to steal, to fly*
voyage (m) *journey*
voyageur (m) *traveller*
vue (f) *view*

yeux (mpl) *eyes (singular:* un oeil*)*

English–French vocabulary

...ago *il y a...*
about *vers*
above *au-dessus de*
accept, to *accepter*
according to *selon*
accuse, to *accuser*
advert *publicité (f)*
advice *conseil (un)*
against *contre*
airport *aéroport (m)*
allergic to, to be *faire une allergie à*
already *déjà*
always *toujours*
annoying *barbant*
architecture *architecture (f)*
arrive, to *arriver*
article *article (m)*
Asia *Asie (f)*
attack, to *attaquer*
Austria *Autriche (f)*
Austrian *autrichien(ne)*
average *moyen*

baker's *boulangerie (f)*
bank *banque (f)*
Belgium *Belgique (f)*
beside *à côté de*
between *entre*
birthday *anniversaire (f)*
boat *bateau (m)*
book *livre (m)*
bookshop *librairie (f)*
boot *botte (f)*
born, to be *naître*
box *boîte (f)*
break, to *casser*
breakfast *petit déjeuner (m)*
broken down *panne (f), en*
burglar *cambrioleur/euse*
butcher's *boucherie (f)*

cake *gâteau (m)*
cake shop *pâtisserie (f)*
calculator *calculette (f)*
call, to *appeler*
castle *château (m)*
CD writer *graveur (m)*
century *siècle (f)*
championship *championnat (m)*
chemist's *pharmacie (f)*
chatty *bavard*
chicken *poulet (m)*

church *église (f)*
cider *cidre (m)*
climb (up), to *monter*
climber *alpiniste (m/f)*
close, to *fermer*
come, to *venir*
come back, to *rentrer*
companion *compagnon (m)*
computer *ordinateur (m)*
congratulations *félicitations*
continue, to *continuer*
cooking *la cuisson*
corner *coin (m)*
counter *comptoir (m)*
cover, to *couvrir*
cream *crème (f)*
crew *l'équipage (m)*
cup *tasse (f)*
cup (e.g. football) *coupe (f)*
cupboard *placard (m)*
customer *client(e) (m/f)*
cut, to *couper*

dangerous *dangereux(euse)*
date *date (f)*
delicious *délicieux(se)*
depend, to *dépendre*
descent *descente (f)*
die, to *mourir*
digital *numérique*
discover, to *découvrir*
disk *disque (m)*
distance *distance (f)*
drink, to *boire*
during *pendant*
dustbin *poubelle (f)*
Dutch *hollandais*
DVD player *lecteur (m) DVD*

each one *chacun*
ear *oreille (f)*
earn, to *gagner*
edge *bord (m)*
Egyptian *égyptien(ne)*
electronic *électronique*
England *Angleterre (f)*
English *anglais*
equipment *équipement (m)*
exercise *exercice (f)*
exhibition *exposition (f)*
expedition *expédition (f)*
expensive *cher/chère*
explain, to *expliquer*

explode, to *exploser*
explore, to *explorer*
eyes (singular: un oeil) *yeux (mpl)*

fall, to *tomber*
fashion *mode (f)*
feel, to *sentir*
final (championship, etc.) *finale (f)*
finally *finalement, enfin*
fireman *pompier (m)*
first *premier/première*
first of all *tout d'abord*
fish *poisson (m)*
fishing *pêche (f)*
flat *appartement (m)*
flea market *marché aux puces (m)*
flower *fleur (f)*
foot *pied (m)*
forbidden *interdit*
forest *forêt (f)*
forget, to *oublier*
fortunately *heureusement*
free of charge *gratuit*
freeze, to *geler*
French *français*
fridge *frigo (m)*
friend *copain (m) copine (f)*
furniture *meubles (mpl)*

game *jeu (m)*
gardening *jardinage (m)*
garlic *ail (m)*
German *allemand*
Germany *Allemagne (f)*
get off, to *descendre*
gift *cadeau (m)*
glass *verre (m)*
glasses (spectacles) *lunettes (fpl)*
go down, to *descendre*
go for a walk, to *promener, se*
go out, to *sortir*
goal *but (m)*
great *chouette*
Greece *Grèce (f)*
greedy *gourmand*
Greek *grec(que)*

hairdresser's *salon (m) de coiffure (f)*
ham *jambon (m)*

hand *main (f)*
have to, to *devoir*
head *tête (f)*
hear, to *entendre*
height (building, object) *hauteur (f)*
help *secours (mpl)*
historic *historique*
hit, to *heurter*
Holland *Pays (mpl) Bas*
horror film *film d'horreur (m)*
hospital *hôpital (m)*

ill *malade*
immediately *immédiatement*
incredible *incroyable*
industry *industrie (f)*
ingredient *ingrédient (m)*
inhabitant *habitant (m)*
Ireland *Irlande (f)*
Irish *irlandais*
island *île (f)*
Italian *italien(ne)*
Italy *Italie (f)*

journey *voyage (m)*
journey (short) *trajet (m)*
jump, to *sauter*

key *clef (f)*
keyword *mot-clé (m)*
kill, to *tuer*
kilometre *kilomètre (m)*
king *roi (m)*
kitchen *cuisine (f)*

laptop computer *ordinateur (m) portable*
lamb *l'agneau (m)*
late *retard (m), en*
learn, to *apprendre*
leave, to *partir*
leave (behind), to *laisser*
leave, to (a place, etc.) *quitter*
left, on/to the *à gauche*
lemon *citron (m)*
length *longueur (f)*
list *liste (f)*
litre *litre (m)*
lorry *camion (m)*
lose, to *perdre*
luggage *bagages (mpl)*

magic *magie (f)*
magical *magique (f)*
market *marché (m)*

mask *masque (m)*
maximum *maximal*
meal *repas (m)*
measure, to *mesurer*
medicine *médicament (m)*
meet, to *rencontrer*
message *message (m)*
microwave oven *four à micro-ondes (m)*
mix together, to *mélanger*
mobile phone *téléphone (m) portable*
morning *matinée (f)*
murder *meurtre (m)*
museum *musée (m)*
mussels *moules (fpl)*
mustard *moutarde (f)*
mysterious *mystérieux(euse)*
mystery *mystère (f)*

nationality *nationalité (f)*
natural *naturel(le)*
near *proche*
negative *negatif(ve)*
never *jamais*
news *les nouvelles (fpl)*
newspaper *journal (m)*
next day *lendemain (m)*
nice (person) *sympa*
night *nuit (f)*
nose *nez (m)*
now *maintenant*
nurse *l'infirmière (f)*
nut *noix (f)*

office *bureau (m)*
often *souvent*
old *vieux*
on time *à l'heure*
onion *oignon (m)*
only *seul*
open, to *ouvrir*
opinion *avis (m)*
opposite *en face de*
order, to *commander*
other *autre*
oven *four (m)*

participate, to *participer*
passenger *passager/passagère (m/f)*
pay for, to *payer*
pepper *piment (m)*
person *personne (f)*
petrol *essence (f)*
phone call *coup de téléphone (m)*

photography *photographie (f)*
picnic *pique-nique (m)*
pill *comprimé (m)*
pitch (sport) *terrain (m)*
place *lieu (m)*
planet *planète (f)*
pocket money *argent (m) de poche (f)*
poisonous *venimeux(euse)*
Pole (North/South) *pôle (m)*
pork *porc (m)*
portable CD player *minichaîne (f) portable*
positive *positif/positive*
potato *pomme (f) de terre*
powerful *performant*
practical *pratique*
president *président (m)*
press, to *appuyer (sur)*
price *prix (m)*
printer *imprimante (f)*
problem *problème (m)*
product *produit (m)*
professional *professionel(le)*
purse *porte-monnaie (f)*
put, to *mettre*

radio *radio (f)*
read, to *lire*
ready *prêt*
realist(ic) *réaliste*
recipe *recette (f)*
reduction *réduction (f)*
relax, to *relaxer, se*
repeat, to *répéter*
replace, to *remplacer*
reply, to *répondre*
result *résultat (m)*
return, to *retourner*
rice *riz (m)*
right, on the/to the *à droite (f)*
ring (phone, doorbell), to *sonner*
river *rivière (f)*
rock *rocher (m)*
rocket *fusée (f)*
romantic *romantique*
roof *toit (m)*
rubbish bin *poubelle (f)*
rule *règlement (m)*
run, to *courir*

sailing *voile (f)*
sale *solde (f)*
sausage *saucisse (f)*
sci-fi *science-fi (f)*

score a goal, to *marquer un but*
Scotland *Écosse (f)*
Scottish *écossais*
screen *écran (m)*
second-hand *d'occasion*
secretary *secrétaire (f)*
see, to *voir*
sell, to *vendre*
several *plusieurs*
shelf *étagère (m)*
shop *magasin (m)*
shopping, to do the *faire les courses (fpl)*
short *bref/brève*
side *côté (m)*
sit down, to *asseoir, s'*
skateboard *skate-board (m)*
skier *skieur (m)*
sky *ciel (m)*
smart *chic*
snow, to *neiger*
so *donc*
sofa *le canapé*
sorry *désolé*
soup *soupe (f)*
south *sud (le)*
space shuttle *navette spatiale (f)*
Spain *Espagne (f)*
Spanish *espagnol*
stadium *stade (m)*
staircase *escalier (m)*
start, to *commencer*
stationer's *papeterie (f)*

stay, to *rester*
steal, to *voler*
stomach *estomac (m)*
stop, to *arrêter*
straight ahead *tout droit*
study, to *étudier*
sudden *soudain*
suggest, to *suggérer*
suggestion *proposition (f)*
supermarket *supermarché (m)*
surfboard *planche (f) de surf*
surprising *étonnant*
sweet *bonbon (m)*
sweet shop *confiserie (f)*
switch on, to *allumer*
Switzerland *Suisse (f)*
system *système (m)*

take off, to (plane etc.) *décoller*
take place, to *avoir lieu*
tall (building) *haut*
team *équipe (f)*
teddy bear *nounours (m)*
television (the object) *téléviseur (m)*
temperature *température (f)*
tent *tente (f)*
theft *vol (m)*
then *puis, ensuite*
there *là*
ticket *billet (m)*
time (occasion) *fois (f)*
toilet(s) *toilettes (fpl)*

tooth *dent (f)*
tourism *tourisme (m)*
towel *serviette (f)*
tower *tour (f)*
traditional *traditionnel*
training course *stage (m)*
transport *transport (m)*
traveller *voyageur (m)*
tree *arbre (m)*
trophy *trophée (m)*

uncle *oncle (m)*

vacuum cleaner *aspirateur (m)*
video player/recorder *magnétoscope (m)*
view *vue (f)*
village *village (m)*
visitor *visiteur (m)*

wait, to *attendre*
Wales *Pays (m) de Galles*
walk *promenade (f)*
walkman *baladeur (m)*
wardrobe *armoire (f)*
week *semaine (f)*
weigh, to *peser*
Welsh *gallois*
west *ouest (m)*
win, to *gagner*
window *fenêtre (f)*
year *an (m), année (f)*